oriques

s

dotiques

LE-ADAM

IISE

PARMAIN

t Archéologiques

UCE

Études Historiques

Archéologiques

et Anecdotiques

sur

LA VILLE DE L'ISLE-ADAM

Études Historiques
Archéologiques
et Anecdotiques

sur

LA VILLE DE L'ISLE-ADAM

PAR

A.-D. DENISE

ANCIEN MAIRE DE PARMAIN

Lauréat de Concours Historiques et Archéologiques

MÉRU

IMPRIMERIE J. DOUCE

1906

ÉTUDES HISTORIQUES
ARCHÉOLOGIQUES & ANECDOTIQUES

sur

LA VILLE DE L'ISLE-ADAM

Par A.-D. DENISE

Situation Géographique

La ville de l'Isle-Adam est un chef-lieu de canton de l'arrondissement de Pontoise et du département de Seine-et-Oise, elle est située sur la rive gauche de l'Oise, qui la borde à l'Ouest, au Nord-Ouest et même au Nord.

Son territoire touche au Nord à celui de Mours, à l'Est à ceux de Presles et de Nerville et au Sud à celui de Mériel. Il

1

comporte 1,552 hectares. D'après le dernier recensement, sa population est de 3,639 habitants.

Des deux hameaux qui dépendent de la commune, le plus important, Nogent, autrefois *Novigentum* et même appelé quelquefois au moyen-âge *Nogent-le-Teigneux*, est par suite de constructions nouvelles, à présent complètement englobé dans la ville ; il n'y a plus de séparation.

L'autre hameau, nommé Stors, est situé à près de deux kilomètres de la Ville, au Midi, du côté de Mériel, il est placé en amphithéâtre sur un coteau bordant l'Oise et regardant l'Ouest.

Il y a en plus quelques écarts : les Vanneaux au Nord, les châteaux des Forgets et de Cassan à l'Est, trois maisons forestières situées en pleine forêt, et l'ancien moulin du Vivray, converti à présent en propriété d'agrément.

Avant la Révolution de 1789, l'Isle-Adam faisait partie de l'Ile-de-France ; d'après l'acte de la vente, faite le 7 octobre 1783 par Monseigneur le Prince de Conti, de la nue-propriété d'un grand nombre d'immeubles, à Monsieur, frère du roi, qui devint à la Restauration le roi Louis XVIII, cette localité y est désignée, comme étant située en Beauvoisis, car il est dit dans la désignation des immeubles vendus : « La Baronnie et la Chatellenie de l'Isle-Adam en Beauvoisis ».

*
* *

D'après un ouvrage fort intéressant et parfaitement renseigné, écrit par M. Coüard, archiviste du département de Seine-et-Oise, et intitulé « Les bailliages royaux en 1789 » la paroisse de l'Isle-Adam, faisait partie du bailliage de Pontoise qui était lui-même secondaire de celui de Senlis.

Époques Préhistoriques

Ce chapitre n'intéressera que bien peu de lecteurs, mais il n'est guère possible de se dispenser d'en parler quelque peu.

On trouve assez souvent dans les parties profondes des carrières à cailloux et à sable d'alluvions quaternaires de l'Isle-Adam, des silex évidemment taillés intentionnellement.

Ce sont les instruments primitifs dont se servaient nos premiers ancêtres préhistoriques. Les types que l'on trouve le plus communément dans la localité sont ceux dits de Saint-Acheul, ou Chelléens et de Moustiers. Ces instruments en pierre sont d'époque antidiluvienne ou plutôt pré-glaciaire.

* *
*

L'époque de la pierre polie, ou époque néolitique a à l'Isle-Adam, des traces certaines et indiscutables ; entr'autres, il s'y trouvait un atelier assez important de taille de silex.

Cet atelier, ou du moins ce que les archéologues ont la coutume d'appeler ainsi, se trouve dans un endroit sablonneux appelé la petite plaine à quelque distance de la nouvelle dérivation de l'écluse, et à environ un kilomètre au - dessus des ponts, son emplacement est quelque peu plus élevé que le reste de la plaine,

Les silex travaillés que l'on a trouvés dans le périmètre de cet atelier ou station, ont été généralement d'assez petite dimension, tels que : pointes de flèches, dont quelques-unes fort jolies et fort bien retouchées ; grattoirs et tranchets, mais jusqu'à présent on n'y a trouvé aucune hache entière, ni polie, ni taillée.

Dans presque toute l'étendue du territoire on a trouvé, disséminés à la surface du sol, des instruments en silex et autres roches dures de cette époque, on y a même trouvé un certain nombre de haches polies, on en a trouvé aussi dans la tourbe des endroits marécageux, en y creusant des fossés de drainage.

Aucune sépulture, ni autre monument de cette période ancienne, n'a encore été découvert jusqu'à présent sur le territoire ; pourtant on en a trouvé dans à peu près toutes les localités voisines, à Presles, à Nerville, à Mériel et à Parmain.

*
* *

En 1899, une très intéressante trouvaille a été faite à l'Isle-Adam, près de l'Oise, en creusant les fondations de la petite nouvelle écluse.

A 4 m. 50, au moins de profondeur, et à plus de deux mètres au-dessous du niveau actuel de l'eau, et à quinze mètres au moins du bord du lit de la rivière, c'est-à-dire dans la plaine et dans un sol composé d'alluvions modernes et non remaniées depuis leur dépôt occasionné par les inondations successives depuis nombre de siècles, il a été trouvé par les terrassiers un vase absolument entier et intact, enfoui dans la profondeur du sous-sol, composé d'une terre noirâtre, glaiseuse et compacte.

Ce vase est en terre noirâtre, à peu-près en forme de tulipe, il a environ onze centimètres de haut sur dix de diamètre à la partie la plus large, il a le fonds arrondi et est percé à environ deux centimètres du bord supérieur d'une rangée de treize petits trous percés à jour, il ne porte pas de traces de dessin.

Comme toutes les poteries de cette époque, celle-ci a été faite à la main et non au tour à potier.

Ce vase est certainement de la fin de l'époque de la pierre polie, ou du commencement de celle du bronze.

Dans la même tranchée et à la même

profondeur, il a été trouvé aussi une corne de cervidé ou cerf, qui paraissait avoir servi d instrument, elle a plus de trente centimètres de longueur, et ressemble à une minuscule défense d'éléphant, qui paraît avoir été polie intentionnellement en forme de pointe du côté du petit bout et a été malheureusement brisée à l'autre extrémité par les terrassiers.

Ces deux objets font partie de la collection de M. Cuinier.

*
* *

Vers 1830, quand l'Oise fut canalisée, et que l'on construisit la première écluse de l'Isle-Adam, qui est à présent remplacée par les nouvelles, on trouva dans la fouille, un canot en chêne, d'un seul morceau, creusé dans le bois par des procédés primitifs.

Ce canot, qui n'a malheureusement pas été conservé était du même genre

que celui que l'on voit au rez-de-chaussée du Musée des antiquités nationales
de Saint-Germain-en-Laye.

*
* *

En 1893, dans une propriété située à
l'Isle-Adam, rue de Pontoise, appartenant à M. Jolivet, conseiller municipal
de la ville, on a trouvé en creusant un
puisard, un squelette humain à environ
quatre mètres de profondeur dans un
terrain sablonneux et non remanié.

Ce squelette n'avait certainement pas
été inhumé là, car le sol était absolument
vierge de fouilles et il n'y avait pas le
moindre doute à avoir, ce n'était pas une
sépulture creusée par les mains des
hommes.

Le dépôt de la couche de sables fins
d'alluvion où a été trouvé ce squelette
remonte très certainement à une époque
fort ancienne et a dû être occasionné par
les eaux, quoique la rivière fût à un ki-

lomètre de là, mais son lit a pu changer de place.

La taille de l'individu devait être au-dessous de la moyenne, et le crâne était placé les dents en-dessous, ce qui repousse toute idée de sépulture, c'était bien là un noyé enlisé. Quelques-unes de ses grosses dents étaient gâtées.

Cette découverte n'est pas une chose unique, car des squelettes analogues ont été trouvés dans des conditions semblables en divers endroits, et entr'autres à Grenelle, où on en a trouvé un certain nombre dans les parties profondes des alluvions modernes et au-dessus des dépôts des époques quaternaires.

Age du Bronze

La période de l'âge de bronze a laissé de nombreux et intéressants vestiges à l'Isle-Adam, et cette localité est certainement une des plus favorisées, sous ce rapport, des environs de Paris.

C'est principalement pendant la durée des importants dragages effectués en 1901 et 1902 pour l'approfondissement de la rivière, entre l'ancienne et les nouvelles écluses, que les plus intéresssantes de ces découvertes ont été faites.

J'ai recueilli, pour ma part, au moment de ces travaux, une épée en bronze, deux lances et deux haches du même métal, et je ne suis pas le seul collectionneur qui ait suivi le travail.

Déjà auparavant, divers outils ou armes en bronze avaient été recueillis dans des fossés de drainage ou des fouilles dans les parties basses du pays.

Deux cimetières anciens et incontestablement préhistoriques, dont l'un est situé près du ruisseau du Vivray et l'autre près du rû du Bois, sont des nécropoles de cette époque.

Les tombes, dans la plupart desquelles les corps ont été placés accroupis et accompagnés de grosses pierres brutes, renferment des fragments de poterie en terre à peine cuite, et dans quelques-unes on a trouvé des fragments de minces bracelets en bronze.

Époque Gauloise

On n'a, jusqu'à présent, rien remarqué de bien intéressant concernant cette époque, sauf quelques fragments de poterie et quelques rares médailles.

Époque Gallo-Romaine

L'époque gallo-romaine n'a pas non plus laissé de traces bien importantes sur le territoire de la commune de l'Isle-Adam.

C'est à peine si en certains endroits on remarque des vestiges d'anciennes constructions de ce temps-là. On reconnaît ces traces à des fragments de tuiles très épaisses qui gisent soit sur le sol, soit dans la terre.

Les endroits du territoire où on trouve le plus de ces débris, sont les environs de Cassan, des Forgets, de Nogent, de Stors ou du Vivray.

Près de l'ancienne église de Nogent, j'ai exploré deux tombes de cette époque de la période d'incinération. Elles avaient déjà été fouillées avant moi, et les urnes cinéraires étaient brisées.

Vers 1860, on a trouvé tout près de là, dans la tranchée d'un chemin, deux statuettes en bronze d'époque romaine qui ont été vendues comme ferraille à un marchand de peaux de lapins.

C'est à peu près tout ce que l'on a

remarqué de certain jusqu'à présent sur l'époque gallo-romaine avec quelques rares trouvailles de monnaie ou médailles sans grand intérêt.

Pourtant, d'après de vieilles traditions locales, un ancien camp romain aurait existé autrefois sur le territoire de l'Isle-Adam, lieudit le Champ-des-Lances ou la Plaine-des-Lances, en pleine forêt, et lieudit les Forgets, sur le haut d'un coteau très escarpé, bordé d'un ancien marais.

On ne remarque là aucune trace certaine qui puisse donner raison ou tort à cette tradition.

Il y a bien au bas du coteau des traces fort apparentes d'anciens travaux de maçonnerie et de grands fossés, mais ils datent d'une façon certaine de cent vingt-cinq ans au plus. Ils ont été exécutés du temps du dernier des princes de Conti. qui fit construire autour de la forêt 16,164 toises, c'est-à-dire plus de trente-deux kilomètres de clôtures diverses dont nous reparlerons plus tard.

Si je parle ici de cette clôture, c'est pour signaler le fait aux archéologues qui pourraient à l'avenir faire là des études et prendre ces travaux pour d'autres plus anciens.

Anciens Ponts

Pendant que nous sommes encore aux époques anciennes, je crois devoir parler des vestiges d'anciens ponts sur l'Oise, qui ont existé autrefois sur le territoire de la ville et que l'on peut remarquer aux époques des grandes baisses d'eau occasionnées par le chômage de la rivière.

Le plus au nord de ces anciens travaux d'une autre époque est situé vers le milieu du bras gauche de l'Oise, à l'île de Champagne ; il se compose encore de plusieurs fondations de culées en pierres de taille, assez profondément recouvertes d'eau pour ne gêner en rien la navigation, il paraît avoir fait communiquer autrefois la plaine de l'Isle-Adam avec l'île de Champagne.

D'autres culées de pierres de taille du même genre, au nombre d'au moins une demi-douzaine, sont situées à peu près dans l'axe du ruisseau de Jouy-le-Comte, elles sont un peu moins couvertes d'eau que celles du bras de l'île de Champagne, elles étaient autrefois, avant la canalisation de la rivière, des écueils très dangereux pour la batellerie.

Elles tiennent à peu près les deux tiers du lit de la rivière du côté de la rive droite.

Cela ressemble en grand aux pierres que l'on met de distance en distance dans un ruisseau peu profond pour le passer à pied sec. Les intervalles entre les piles ou culées sont de trois mètres au plus et un homme très agile pouvait sauter de l'une sur l'autre avec assez de facilité.

Le fait que ces antiques vestiges sont à présent recouverts de plus de trois mètres d'eau s'explique naturellement et prouve seulement leur ancienneté.

Il faut d'abord compter avec l'envasage et l'ensablage naturels des rivières dont les niveaux montent insensiblement chaque année.

Quand on a construit les ponts des rivières, les emplacements des culées ont formé des barrages partiels qui ont fait sensiblement monter les niveaux. Les écluses, barrages fixes et barrages mobiles ont produit le reste, et il est très logique de conclure que le niveau de l'Oise est exhaussé de plusieurs mètres depuis une vingtaine de siècles et que les culées des ponts primitifs dont nous venons de parler étaient autrefois au-dessus du niveau d'alors de la rivière,

cela prouve seulement leur grande ancienneté.

*
* *

En 1902, en draguant au-dessous du
grand pont dans le grand bras du milieu,
on a remarqué des traces analogues de
vieilles culées à cinquante mètres environ
au-dessous du pont actuel, cela paraissait relier l'île du Prieuré à celle de la
Cohue.

Des restes de pilotis, trouvés dans le
bras du moulin à la même époque annon-
çaient que l'île du Prieuré était reliée à la
rive de Parmain à peu près vers la moitié de sa longueur à environ deux cents
mètres au-dessous du pont du moulin et
à peu près vers l'endroit où on suppose
que le prieuré devait se trouver.

Un peu plus bas, presqu'à la pointe du
bas de la même île, la rivière était traversée par une chaussée assez large et
fort bien pavée, un peu plus haut que

l'axe du chemin qui passe sous la ligne du chemin de fer.

Cette chaussée sous l'eau doit avoir servi autrefois de passage guéable pour les voitures.

Il y avait aussi le pont-levis du château au-dessus du pont du moulin.

Époque Franque ou Mérovingienne

Cette époque a commencé comme son nom l'indique, au moment où les Francs vinrent faire la conquête de la Gaule romaine et s'y établir dans le courant du cinquième siècle.

Je ne crois pas que l'on puisse écrire rien de bien certainement historique concernant la cité de l'Isle-Adam à cette époque, pourtant il paraît certain que des agglomérations existaient déjà à cette époque à divers endroits du territoire.

La plus forte des agglomérations devait être située vers l'endroit où se trouvent à présent Nogent et Cassan, d'autres moins importantes se trouvaient, vers les Forgets, le Vivray et Stors.

Des cimetières assez étendus datant de cette époque se trouvent en ces divers endroits ; ce sont à peu près les seules choses certaines qui confirment que le territoire était déjà habité en ce temps là.

Contrairement à presque toutes les nécropoles de même époque de la région, celles de l'Isle-Adam sont placées sur des coteaux faisant face à l'Ouest, mais l'orientation des sépultures est la même et les objets funéraires que l'on y trouve sont semblables à ceux trouvés dans les autres de même époque de la contrée.

Un assez grand nombre d'armes de cette époque ont été trouvées dans les dragages de l'Oise en 1901 et 1902. Il est donc incontestable que le pays avait déjà une certaine importance du temps des Mérovingiens.

Époque Carlovingienne

On ne peut rien affirmer de bien précis sur ce qui a pu se passer à l'Isle-Adam, au commencement de cette période de notre Histoire, mais pourtant le grand nombre de sépultures que contient le cimetière de cette époque, qui environne l'endroit où était située l'ancienne église de Nogent, fait présumer que la population de ce village était déjà assez nombreuse.

Il y a dans cette nécropole beaucoup de sarcophages en plâtre, d'un seul morceau, qui ont été construits avant d'être descendus dans la fosse. D'autres ont été établis par un simple crépi du fond de la sépulture; comme dans la période mérovingienne, il n'y a aucune trace de clous ni de cercueils et beaucoup d'inhumations ont été faites sans sarcophages.

Cette nécropole est la plus vaste connue de la région, car elle a plusieurs hectares de superficie, on y a enterré encore assez longtemps depuis.

Ancienne église de Nogent

Sur le versant du coteau en pente douce qui domine Nogent, à peu près à mi-côte, à une cinquantaine de mètres au-dessus du chemin de la Madeleine, entre le château de Cassan et l'avenue de Paris, à un endroit appelé encore l'église de Nogent, il y avait autrefois une église, dont la fondation est, paraît-il, antérieure de plus de mille ans à celle de l'église actuelle de l'Isle-Adam.

J'ai vu dans ma jeunesse quelques

vestiges des ruines de ce monument, il y
a moins d'une cinquantaine d'années.
Ces ruines consistaient en quatre vieilles
murailles formant un carré allongé qui
avaient encore en moyenne au moins
deux mètres de hauteur. Un pommier
assez gros avait poussé à l'intérieur.

Cela paraissait être les restes, non d'une
église bien importante, mais simplement
d'une assez grande chapelle.

Je me souviens, au sujet de cette
ancienne ruine, d'une ancienne supers-
tition légendaire à laquelle avaient foi la
plupart des bonnes gens du pays, surtout
les femmes qui croyaient fermement que
tous ceux qui auraient l'impiété de toucher à ces ruines pour en démolir seulement un seul moellon étaient certains de
périr et que leur mort devenait certaine
et inévitable.

Et on citait comme preuve à l'appui
que de tous ceux qui, en 1793, avaient
porté une main sacrilège sur cet édifice,

il n'en restait plus un seul, et que tous étaient morts successivement maudits de Dieu et des hommes.

A la vérité, il y avait déjà bien une soixantaine d'années que la chose avait été accomplie, et les impies qui avaient autrefois commis ce sacrilège, auraient dû, en ce moment, être tout au moins des octogénaires, car le plus jeune d'entre eux qui existait encore avait déjà près de cet âge, mais selon les bonnes gens, il n'avait pas été puni de son impiété, parce qu'il n'avait pas encore l'âge de raison quand il avait accompli son forfait.

Les violateurs de l'église de Nogent y avaient trouvé, en creusant le sol, un certain nombre de cercueils en plomb, qu'ils avaient vendu pour la fonte; on a prétendu aussi qu'ils avaient trouvé des bijoux anciens.

Cette ruine, qui n'avait d'ailleurs rien d'intéressant ni de pittoresque, a été démolie par le propriétaire vers 1860.

M. l'abbé Grimaud, alors curé de l'Isle-Adam, engagea même le propriétaire à déblayer son terrain et à le mettre en culture.

En 1892, le beau-frère du propriétaire du terrain entreprit des fouilles à cet endroit, dans un but de recherches archéologiques.

Il commença ses recherches dans l'intérieur même de la construction démolie et retrouva la trace des fondations des quatre murailles, mais il ne trouva rien d'intéressant à l'intérieur où il n'y avait qu'un sol bouleversé par des recherches antérieures.

Ayant assisté à ces fouilles avec assiduité, j'y ai fait une remarque très intéressante.

Les pierres des fondations paraissaient avoir déjà servi auparavant à une autre construction. Cela se voyait même si bien que je puis affirmer avec certitude que cette construction avait été faite avec des matériaux de démolition, ce qui donnerait beaucoup de créance à la tradition locale suivante :

D'après cette tradition, l'église de Nogent n'aurait pas toujours été à cet endroit, elle aurait été primitivement plus au Nord, vers l'endroit où se trouve construit à présent le château de Cassan (quand on a construit ce château, on a trouvé dans la fouille des fondations, un certain nombre de sépultures mérovingiennes.)

D'après la même légende, cette basilique aurait été construite au IVe siècle de l'ère chrétienne, en pleine domination romaine. Il n'y avait, paraît-il, en ce temps là que quatre églises seulement dans toute l'étendue de la Gaule romaine et les chrétiens y venaient assister à la messe de dix lieues à la ronde, entr'autres de Saint-Denis.

Ces vieilles légendes sont bien oubliées à présent, mais autrefois, les paysans se les transmettaient religieusement de génération en génération, en les racontant pendant les longues veillées d'hiver.

A présent, on a bien d'autres distractions pour passer le temps que ces vieilles histoires d'autrefois dont personne ne se soucie plus guère.

D'après mes observations personnelles, il me semble certain que vers le dixième ou onzième siècle, au plus tôt, l'église de Nogent a été démolie pour une cause ou pour une autre et reconstruite sur un autre emplacement, car sous les fondations du petit édifice, qui a été démoli le siècle dernier, et le seul dont l'emplacement exact est actuellement connu, il y avait encastrés dans le pied de la muraille et sous les fondations, des sarcophages en plâtre de l'époque carlovingienne, qui, certainement, avaient été placés là à une époque précédant la reconstruction.

Cette reconstruction de l'église de

Ncgent a donc incontestablement eu lieu sur un emplacement qui avait servi auparavant de nécropole carlovingienne et ne peut être que postérieure à cette époque.

L'Isle-Adam avant le XIe Siècle

Jusqu'à présent, nous n'avons pu parler que de faits plutôt archéologiques qu'historiques concernant l'Isle-Adam, qui ne sont basés que sur les remarques que nous ou d'autres avaient pu faire, soit dans des fouilles faites dans ce but dans les anciens cimetières, soit par des découvertes faites par hasard.

A présent, ce que nous allons dire sera un peu plus documenté et nous allons arriver à la partie historique.

Jusqu'au commencement du XIe siècle, on ne connaît rien de certain sur l'Isle-Adam proprement dit, mais auparavant il était déjà question de Nogent (*Novigentum.*)

D'après un ouvrage très documenté de M. Douet d'Arcq, publié à Amiens en 1855, et intitulé : « *Recherches historiques et Critiques sur les anciens comtes de Beaumont-sur-Oise* », il est expliqué et prouvé jusqu'à un certain point, par d'anciens documents authentiques, que Nogent *(Novigentum)* faisait jadis partie du pays de Chambly *(Pagus Cameliacensis.)*

L'anciennne division territoriale appelée *Pagus Cameliacensis*, ou pays de Chambly, paraît s'être composée des localités suivantes :

Camiliacus ou *Cameliaçensis* (Chambly), *Bagerna* (Bernes), *Argenvillare* (?), *Baudrinus* (Boran), *Bordnellus* (Bornel), *Broaria* (Bruyères), *Campagnia* (Champagne), *Cortiracus* (Crouy), *Framaria* (?), *Gundulfocurtis* (Gandicourt), *Ingolonicurtis* (Agnicourt), *Mafflare* (Maffliers),

Mairiu (Méru), *Matrius* (?), *Morincia-gicurtis* (Morancy), *Murnum* (Mours), *Nialla* (Nesles-la-Vallée), *Nocitum* (Noisy-sur-Oise), *Novigentum* (Nogent). *Noviliacus* (Neuilly-en-Thelle), *Pretariola*, *Pretarium* (Presles et Prérolles), *Prisciacum* (Précy-sur-Oise), *Ronque-rollæ* (Ronquerolles), *Tussonnis Vallis* (?), *Viterinæ* (Les Vosseaux), *Villari-culum* (Villers-Adam).

Dans cette nomenclature de M. Douet d'Arck, il n'est pas question de l'Isle-Adam, mais il se pourrait que la désignation fut incomplète ou que l'Isle-Adam n'existât pas encore.

Le plus ancien des documents cités par cet auteur au sujet du pays de Chambly est une charte du 20 avril 627, sous le règne du roi mérovingien Clotaire II (12 des calendes de mai de l'an 43 de Clotaire II.)

Par cette charte, une Dame nommée Théodetrude ou Théodile, donna à Donon, abbé de Saint-Denis et à ses religieux, trois villages dont un nommé *Matrius* au pays de Chambly.

Il est absolument certain que le pays de Chambly « *Pagus Cameliacensis* » exista du septième au onzième siècle, et il est à peu près évident que Nogent en faisait partie.

** **

D'après une tradition fort répandue dans les campagnes des environs, la ville ou pays de Chambly fut longtemps en guerre avec la ville de Flélus, située dans la vallée du Sausseron, entre Nesles-la-Vallée et Labbeville. Cette guerre se termina, dit-on, par la destruction de Flélus, dont les habitants, quand ils se virent perdus, jetèrent, paraît-il, toutes leurs richesses dans un puits très profond qu'ils comblèrent ensuite.

On ne peut savoir ce que cette légende a de vrai, mais on peut voir à l'endroit

désigné, qui est à présent une plaine cul-
tivée, des traces fort visibles et fort éten-
dues de débris d'anciennes constructions.

L'Isle-Adam et le comté de Beaumont

D'après l'ouvrage de M. Douet-d'Arck,
cité dans le chapitre précédent, l'Isle-
Adam aurait fait partie du comté de
Beaumont-sur-Oise, qui fut fondé vers le
onzième siècle, à une époque dont malgré ses recherches, l'auteur ne peut citer
la date ni les origines exactes.

C'est en 1022, qu'apparaît le premier
connu des comtes de Beaumont, qui se
nommait Yves. L'auteur suit ses traces
dans des documents authentiques jusqu'à
1050.

Après avoir passé par diverses mains
pendant environ sept siècles, le comté de
Beaumont fut vendu par Louise de Prye,

duchesse de Cardonne, gouvernante des enfants de France et veuve du maréchal de la Mothe-Houdancourt, à Louis de Bourbon, prince de Conti, seigneur de l'Isle-Adam, par contrat du 14 novemdre 1705.

*
* *

D'après la carte du comté de Beaumont qui est en tête de l'ouvrage cité ci-dessus, l'Isle-Adam aurait fait partie de ce comté ; Villiers-Adam, Baillet et Attainville en auraient fait l'extrême limite vers le Sud ; Chaumontel, La Morlaye, Gouvieux, Précy, Blincourt et Bouqueval à l'Est ; Merville, Fontenelles, Labbeville, Abricourt, Frouville, Toussac, Messelan, Sonducourt, Anicourt, Méru, Lormaison, Corbellesart et le Déluge à l'Ouest ; les bois de Mouchy, Bonvillers, Bois-Morel, Moulincourt, Cavillon et Ercuis au Nord.

D'après la même carte, le Comté de Beaumont qui paraît avoir été formé de

l'ancien pays de Thelle, et de l'ancien
« *pagus cameliacensis* » était borné au
Nord par le Beauvoisis, au Sud par le
Pays de France, à l'Ouest par le Vexin
français et à l'Est par le Valois.

*
* *

Malgré cela il n'est pas bien prouvé, et
M. Douet-d'Arck lui-même paraît en
douter quelque peu, que les seigneurs de
l'Isle-Adam fussent sous la domination
des comtes de Beaumont, et tout annonce
au contraire, qu'ils étaient à peu près
indépendants de cette tutelle.

Voici d'ailleurs ce que M. Douet-d'Arck
dit dans son excellent ouvrage sur le
comté de Beaumont au sujet de l'Isle-
Adam :

« ILE-ADAM (L'). Cette petite ville a
« tiré son double nom de sa situation et de
« son fondateur. Son fondateur fut Adam.
« C'est le premier seigneur de l'île, *Adam*
« *de Insula*. Un de ses successeurs, Ansel

« de l'île *(Ansellus de Insula)* fonda
« l'abbaye du Val, tout près de l'île Adam.
« On la trouve mentionnée à partir de
« 1137, et il était mort en 1162, au plus
« tard. Il avait pour successeur un
« *Adam de Insula* (Adam III). Nous
« n'avons trouvé ce nom d'Adam ajouté
« à celui de l'Ile qu'à partir de 1226. Le
« cartulaire de l'abbaye du Val mentionne
« sous cette année un *Ansellus de Insu-*
« *la-Adam, miles,* sans doute fils de
« Adam III. Encore est-il bon d'observer
« qu'on trouve jusque dans les chartes
« de l'an 1324, des seigneurs de l'Ile-
« Adam qualifiés seulement de seigneurs
« de l'île, sans autre désignation. On ne
« saurait douter que la seigneurie de
« l'Ile-Adam, n'ait fait partie intégrante
« du comté de Beaumont, et pourtant on
« s'étonne de voir ses possesseurs si peu
« mêlés aux affaires du comté de Beau-
« mont. Nous n'avons trouvé que deux
« chartes montrant les rapports des

« deux maisons. L'une est un hommage-
« lige d'Ansel, seigneur de l'Ile-Adam, à
« Mathieu III, comte de Beaumont, qui
« est de l'an 1205. L'autre est un accord
« entre les deux mêmes personnages,
« touchant des droits de péage, et qui
« est daté de l'année suivante. La seule
« alliance qu'on trouve entre les deux
« maisons est celle d'Alice de Beaumont,
« fille de Mathieu II, avec Ansel de l'Ile-
« Adam. La forêt de l'Ile-Adam n'est
« mentionnée qu'une fois dans nos piè-
« ces *boscus de Insula,* en 1210. Il y
« avait à l'Ile-Adam un prieuré dépen-
« dant de Saint-Martin-des-Champs. Il
« y avait aussi une maladrerie, à laquelle
« un Thibaut-de-Champagne fit un legs
« en 1271. (Archives impériales, carton
« S. 4175, pièce 65). »

Les premiers Seigneurs de l'Isle-Adam

Jusqu'au commencement du onzième siècle il n'est question de l'Isle-Adam dans aucun document authentique connu.

Le premier seigneur et fondateur de l'Isle-Adam fut, dit-on, un Adam, que quelques auteurs disent grand connétable de France. Il y en a qui font remonter cette fondation à l'an 1019.

Voici ce qu'en disait en 1837, dans l'annuaire du département de Seine-et-Oise pour 1838, M. B. Moser, fondateur de ce recueil :

« L'ILE-ADAM. — Cette jolie petite
« ville, située au bord et sur deux îles
« de l'Oise, réunie par trois ponts, tient
« son nom de l'île sur laquelle son châ-
« teau fut bâti et d'Adam, connétable de
« France sous Philippe Ier, en 1059, qui
« donna son nom au château en le faisant
« construire. Pierre, seigneur de Villiers,

« allié par sa mère à la maison d'Adam,
« fit l'acquisition du domaine en 1364. La
« maison de Villiers de l'Ile-Adam a
« joué un grand rôle dans notre his-
« toire. En 1418, ce fut un Jean de
« Villiers de l'Ile-Adam qui s'empara de
« Paris par surprise et y fit massacrer
« les d'Armagnac. En 1522, Philippe de
« l'Isle-Adam, grand-maître de l'ordre
« des Chevaliers de Rhodes, soutint ce
« siège mémorable ou quelques cheva-
« liers résistèrent à 200,000 Turcs et en
« firent périr 40,000 avant de se rendre,
« vaincus par trahison, plutôt que par le
« courage de leurs ennemis. Le même
« grand-maître transporta les débris de
« son ordre dans l'île de Malte, qui lui
« fut donnée par Charles-Quint. Le
« petit-neveu du grand-maître donna
« en 1527 l'Ile-Adam à son cousin le
« Connétable de Montmorency, et plus
« tard cette seigneurie passa de la
« maison de Montmorency dans celle

« des Condé, par le mariage que fit
« Henri IV de la belle Marguerite de
« Montmorency, petite-fille d'Anne le
« Connétable, avec le prince de Condé ;
« c'était la sœur du maréchal Henri de
« Montmorency-d'Anville, qui fut déca-
« pité, et elle fut la mère du grand Condé
« et d'Armand de Bourbon-Conti, qui
« épousa une des filles de Louis XIV et
« de La Vallière, et posséda depuis l'Ile-
« Adam. Cette branche de la maison de
« Condé en fit le centre d'une cour
« aimable, spirituelle et animée jusqu'en
« 1784, époque à laquelle Louis-Fran-
« çois de Bourbon-Conti, dernier du nom,
« en fit la vente au comte de Provence
« pour la nue-propriété, s'en réservant
« l'usufruit. La Révolution n'a laissé que
« l'île et les fondations sur lesquelles le
« château était bâti ; on en voit une vue
« ancienne au Musée historique de Ver-
« sailles, à la galerie de l'Attique, à l'aile
« du Nord. De jolies maisons bour-

« geoises occupent maintenant son an-
« cien emplacement dans l'ile et sur les
« bords de l'Oise.

« L'église de l'Ile-Adam est remarqua-
« ble : le connétable de Montmorency
« la fit commencer en 1552, et elle fut
« terminée en 1567. Dans une des cha-
« pelles latérales sont renfermés les
« restes de Louis de Bourbon-Conti,
« grand prieur de France. Les carrières
« de pierres de l'Ile-Adam sont renom-
« mées, et on peut juger de leur effet par
« les corniches de deux monuments de
« Paris, la Bourse et la Madeleine. Une
« de ces carrières est située dans le champ
« des lances, qu'on prétend être ainsi
« qu'il est partout d'usage, un ancien
« camp de César.

« Population en 1826, 364 habitants,
« en 1837, 1542. »

*(Annuaire pour le département de
Seine-et-Oise pour 1838).*

Il n'y a dans l'ouvrage de M. Douet d'Arc sur le comté de Beaumont que bien peu de détails sur l'Isle-Adam.

Le plus intéressant des documents qu'il cite est une charte de Louis le Jeune, datée de 1137, par laquelle ce roi confirme une donation faite par le seigneur de l'Ile-Adam *(Anselli de Insula)* à l'abbaye du Val, que ce seigneur avait fondée douze ans auparavant en 1125.

Cette pièce écrite sur parchemin, existait aux archives nationales (archives impériales en ce temps là) en 1855, *carton S. 4175, pièce n° 32*, elle été publiée dans le *Gallia Christ.*

Page 96 de son ouvrage, M. Douet d'Arc dit que l'emplacement de l'abbaye du Val fut donné vers 1125 par Ansel, premier seigneur de l'île, et que cet Ansel eut un fils nommé Adam, dont est venu le nom de l'Ile-Adam que porta cette seigneurie ; mais un peu auparavant dans le même ouvrage et dans la notice dont nous avons donné la copie dans un précédent chapitre, il avait dit que le successeur d'Ansel fut Adam III, qui lui succéda vers 1160.

Ansel de l'île *(Anselli de Insula)* avait eu lui-même un père du nom de Adam (probablement Adam II) ainsi que le même auteur l'affirme en disant qu'une fille de Mathieu, qui devint vers 1151 Mathieu II, comte de Beaumont, avait épousé Anseau ou Ansel, fils d'Adam seigneur de l'Ile-Adam.

Ainsi, cette Alice de Beaumont fut au commencement du douzième siècle, la première femme de cet Ansel ou Anseau.

Les premiers seigneurs de l'Isle-Adam, l'étaient aussi de Valmondois. On voit par ce qui précède que les uns s'appelaient Adam, et d'autres Ansel ou Anseau.

Ces deux noms étaient alors relativement assez répandus parmi les personnages d'importance de cette époque. On cite un Adam de Beaumont qui était le petit-fils d'Yves II, comte de Beaumont.

A la fin du onzième siècle et dans les premières années du douzième, il y eut aussi un Adam, abbé de Saint-Denis, qui était un des personnages religieux les plus puissants de cette époque, car l'abbaye de Saint-Denis était une des plus ri-riches du monde entier.

En 1110, un Adam de Presles est au nombre des signataires d'une charte par laquelle Mathieu Ier, comte de Beaumont, à la prière des moines de Saint-Germain-l'Auxerrois affranchit de mauvaises coutumes les hommes du lieu de Bernes, situé dans le domaine do son château de Beaumont.

En 1153, dans un accord avec Mathieu III comte de Beaumont et l'abbaye de Saint-Denis, il y a encore deux signataires du nom d'Adam qui sont : Adam de Nointel et Adam des Loges.

Dans un autre accord entre les mêmes

daté de 1170. il y a encore comme témoins signataires Adam Coghin, Adam
frater egus et Adam des Loges.

Au XIIe siècle, il y eut un Adam de
Buxeria et même d'autres Adam qui habitaient des localités plus ou moins voisines de l'Isle-Adam.

Le nom d'Anseau ou Ansel fut aussi
porté par de grands personnages de la
région. Il y avait entr'autres au commencement du XIIe siècle, un Anseau évêque
de Beauvais, qui en 1099 avait engagé
Raoult le Délicat, seigneur de Pontoise,
fils d'Amaury et petit-fils de Dreux,
comte du Vexin, à donner les revenus de
l'église de Méru à l'abbaye de Saint-
Martin-des-Champs. Cette donation fut
confirmée en 1105 par Geoffroy, autre
évêque de Beauvais.

« *Confirmation par Louis le Jeune*
« *de la fondation de l'abbaye du Val*

« *faite par Anseau, seigneur de l'Isle-*
« *Adam.* »

(Traduit du latin par M. Bourguin).

« Au nom de la très sainte et indivisi-
« ble Trinité, ainsi soit-il.

« Nous, Louis, par la grâce de Dieu,
« roi de France et duc de Guyenne,
« voulons faire savoir à tous nos fidèles,
« présents et à venir, que à l'abbé Thibaud
« et aux frères servant Dieu au lieu le Val
« Sainte - Marie pour le soulagement
« de notre âme et celle de nos parents,
« nous faisons concession perpétuelle de
« toutes les acquisitions par eux faites
« sur notre fief, grâce à n'importe quels
« bienfaiteurs, ou qu'ils pourront faire à
« l'avenir par les largesses du seigneur:
« qu'ils en soient légitimement les maî-
« tres à perpétuité. Voici les domaines
« acquis par eux avant notre présente
« concession et que nous leur concédons
« à perpétuité: à savoir le domaine de

« leur abbaye, appelé le Val Sainte-Ma-
« rie, don de Ansel de l'île ; une terre dans
« la forêt de Thelle, don de Anculphus
« de Lenort ; une terre à Goussainville,
« don de Réric, propriétaire de la même
« ferme ; la terre de Montarsis, don de
« Hugues Tirel. Ces domaines et tous les
« autres que par la grâce de Dieu, se-
« ront conférés aux susdits frères dans
« le fief royal, nous leur en confirmons
« la concession à perpétuité. Pour rati·
« fier irrévocablement ce don, nous leur
« confirmons par la garantie de notre
« sceau et la signature de notre nom au
« bas de la page. Fait à Fontainebleau,
« sous seing public en l'an 1137 de l'in-
« carnation du Verbe, en l'an Ier de
« notre règne ; étant présents dans no-
« tre palais les soussignés dont suivent
« les seings. Le seing de Raoult, comte
« de Vermandois, notre grand panetier ;
« — seing de Guillaume, notre grand
« bouteiller ; — seing de Hugon, notre·

« connétable ; — seing de Hugon, notre
« chambellan.

« Acte dressé par Augrin, chancelier. »

Dans l'ouvrage de M. Douet d'Arck,
on trouve encore divers documents intéressants ayant un rapport direct avec
l'histoire de l'Isle-Adam.

L'un des plus intéressants est le suivant, dont nous donnons la traduction
faite par notre ami M. Bourguin, auteur
de la traduction précédente.

C'est une charte du commencement
du XIIIᵉ siècle :

*Hommage d'Ansel, seigneur de l'île,
à Mathieu III, comte de Beaumont*

« Nous Ansel, seigneur de l'île, fai-
« sons savoir à tous, présents et à venir,
« que nous et tous nos successeurs en
« l'île, sommes et seront les hommes-
« liges de Mathieu, comte de Beaumont,
« et de ses successeurs, comtes de Beau-
« mont, envers et contre tous, sauf le

« devoir de fidélité à l'égard du seigneur
« roi de France. Voici les fiefs que nous
« tenons d'eux, à savoir : Balaincourt,
« avec ses dépendances. — Le fief de
« Hodant, en possession de Philippe de
« Bernes. — Le fief de Raoul de Nesles.
« — Le fief de Prérolles, en possession du
« seigneur Roger. — Il faut faire con-
« naître que nous ne leur devons aucun
« estage. Nous voulons également faire
« savoir que le comte de Beaumont Ma-
« thieu et ses successeurs dans le comté
« tiennent de nous et de nos successeurs
« un fief sans hommage et sans estage,
« et que pour ce fief ils nous doivent
« justice et service. Au moindre avis
« donné par nous au comte de Beau-
« mont au sujet du susdit fief, le susdit
« comte viendra à notre rencontre jus-
« qu'au pont de pierre et traversera seu-
« lement la pierre. Pour que cela de-
« meure ratifié et irrévocable, la page
« du présent écrit est confirmée par la

« garantie de notre sceau et du sceau du
« susdit comte.

« Fait en l'an 1205 de l'Incarnation du
« Seigneur. »

(*Archives nationales, trésor des Chartes, carton J. 168, pièce n° 13*, original sur parchemin auquel sont appendus les sceaux équestres d'Ansel de l'île et de Mathieu III, comte de Beaumont).

Dans le document ci-dessus il est question d'un pont de pierre, mais rien n'indique ce qu'était ce pont de pierre ni l'endroit où il se trouvait.

Dans un document de 1210 (*Archives nationales, carton L. 1400*), le comte Jean de Beaumont reconnaît qu'il n'a aucun droit sur des prés situés près du pont de pierre et appartenant à l'abbaye de Saint-Denis.

On ne peut que se livrer à des conjectures sur ce qu'était ce pont de pierre et sur l'endroit où il était situé.

Autre document tiré du même ouvrage
(traduction de M. Davière) :

« *Adam, seigneur de l'île, donne aux*
« *moines de Saint-Léonor-de-Beau-*
« *mont deux hôtes habitant Nogent.* »
(Charte du don d'Adam de l'île).

« Sachent tous, tant présents que fu-
« turs, que moi, Adam, seigneur de l'île,
« du consentement de mes fils, Ansel et
« Théobald (ou Anselme et Thibaut)
« Adam, pour l'âme d'Alice, sœur de
« Mathieu, comte de Beaumont, qui fut
« jointe par les liens du mariage à mon
« dit fils Ansel (ou Anselme) et pour les
« âmes de mes ancêtres, je donne à per-
« pétuité et concède en aumône à l'église
« du bienheureux Léonor de Beaumont
« deux hôtes demeurant à Nogent, et
« leur demeure, savoir : Regnoudum
« (Regnault ou Renaud) et Angot Leduc
« et tout ce que je possède sur eux, soit
« en redevances, soit en corvées, excepté

« le droit de la mouture que je retiens
« librement et absolument.

« Furent témoins :

« Signature de Lancelin, doyen de la
« sainte église de Beauvais, frère de
« lait dudit Adam, seigneur de l'île.

« Signature de Mathieu, comte de
« Beaumont et seigneur du Valois.

« Signatures de Pagani de Presles,
« Théobald de Morangles, Anculphe de
« Flélu, Wautier de Illette.

« Pour que ceci demeure arrêté et
« définitif à perpétuité, je l'ai fait con-
« firmer de l'autorité de mon sceau.

« L'an du Verbe incarné MCLIIIVI
« (1186).

*
* *

Toujours d'après le même auteur, on
peut lire aux Archives nationales, *L. 129*,
folios 79 et 80, dans un livre curieux
appelé le *Bertrand*, du nom de son auteur, prieur de Saint-Martin-des Champs,

qui l'écrivit en 1340, dans une liste des revenus du prieuré de Saint-Léonor-de-Beaumont, cette redevance de deux hôtes à Nogent qui était estimée 32 sous 8 deniers par an.

Dans un autre état des revenus du prieuré de Saint-Léonor-de-Beaumont, du commencement du XVIIIe siècle (*Archives nationales, section domaniale, carton S, 1410*), il n'est plus question de cette redevance.

Ce dernier document n'est pas daté, mais il y est question d'un bail du 27 décembre 1714.

* *

Toujours dans le même ouvrage, on trouve le curieux document suivant :

« *Accord entre Mathieu III, comte de*
« *Beaumont, et Ansel, seigneur de*
« *l'île, concernant des droits de tra-*
vers. (Traduction de **M.** Davière).

« Sachent tous, que comme entre Ma-

« thieu, comte de Beaumont, et Ansel,
« seigneur de l Ile, sur divers points, une
« controverse s'était élevée et principa-
« lement sur le droit de travers à perce-
« voir sur le chemin qui est entre l'Ile et
« Nesles. Enfin avis pris d'hommes
« éclairés, ladite controverse est éteinte
« comme suit :

« Si des hommes du seigneur Ansel,
« tant du fief que du domaine, vont ou
« viennent par ce chemin, ils sont quit-
« tes de tous droits de travers et aussi
« tous marchands achetant à l'Ile. Et de
« tous autres hommes allant par ledit
« chemin le comte percevra le droit ha-
« bituel. Le comte percevra son droit de
« travers entre la croix dudit chemin et
« Nesles jusqu'au Sausseron. Si quel-
« qu'un déplace le travers dudit comte
« entre la susdite croix et l'île, le sei-
« gneur de l'île lui fera telle réparation
« qu'il est d'usage à Saint-Denis ou à
« Paris ou à Pontoise. En outre si quel-

« que homme de l'île a avec un homme
« étranger une association pour le com-
« merce, la part de l'homme de l'île est
« quitte, mais l'homme étranger paiera
« le droit habituel sur ledit chemin.
« Mais si le préposé du comte soupçonne
« que les marchands n'ont pas acheté à
« l'île, après serment prêté ou leur bonne
« foi établie, ils passeront libres.

« Il est aussi fait savoir que le sei-
« gneur Ansel a abandonné au comte le
« fief qu'il a acheté de Robert, vicomte,
« et de sa femme. Le comte, de son côté,
« a concédé que ni lui ni ses hoires ne
« feront aucune fortification à Messelan,
« ou Wasquinole, ni sur le parcours du
« rû de Wasquinole à Messelan, ni de là
« à Grinval par la maison d'Hugon de
« Mareuil, ni de Grinval au Lay, ni du
« Lay au chêne de Boulonville, ni dudit
« chêne au rû de Jouy, ni de là jusqu'à
« l'Oise. Comme la rivière coule au-des-
« sous de ces limites vers la terre du

« seigneur Ansel jusqu'au Sausseron,
« le comte et ses héritiers n'y feront au -
« cune fortification. De même le sei-
« gneur Ansel ni ses héritiers, entre le
« Sausseron et les limites susdites ne
« feront aucune fortification si ce n'est
« dans l'île où ils feront ce qu'ils vou-
« dront. Le seigneur Ansel a promis au
« comte qu'il en usera de bonne foi de
« son droit comme le sien propre, ainsi
« qu'il est ici contenu et n'y suscitera
« aucun mal. »

« Le comte a fait pareille promesse au
« seigneur Ansel.

« Pour que ceci soit arrêté, la page
« du présent écrit corroboré par le sceau
« du comte et le sceau du seigneur An-
« sel. Fait en double ce manuscrit a été
« remis en témoignage de bonne foi à
« chacun.

« Fait en l'an de grâce MCCVI (1206).
*(Archives nationales, trésor des Chartes,
carton J. 168, pièce n° 15)* original sur

parchemin, avec le sceau d'Ansel de l'Ile, un écu portant une fasce et le sceau équestre de Mathieu III. »

On ne peut savoir au juste quel était le lieudit ou le pays appelé alors *Wasquinole*, c'était dans tous les cas au delà et à l'Ouest de Messelan et sur le bord d'un ruisseau. Il est très probable qu'il est question de Vallangoujard, mais ce peut être aussi un village disparu comme Le Lay dont il est aussi question et dont M. Coüard, archiviste du département de Seine-et-Oise parle dans ses ouvrages.

Le Lay était encore une commune à la fin du XVIIIᵉ siècle. Il n'y a plus ni habitations ni habitants sur son ancien territoire.

Messelan et Grinval existent toujours, ce sont des hameaux de la commune de Frouville.

Le chêne de Boulonville dont il est aussi question paraît être un arbre phénoménal connu en dernier lieu sous le nom de chêne Conti qui ne fut abattu qu'il y a environ une centaine d'années.

Ce géant de végétation avait alors, croit-on, près de vingt siècles d'existence, il était situé à l'extrémité sud de la forêt du Lay, on l'appelait en dernier lieu le chêne Conti et l'endroit porte encore ce nom.

Cet arbre gigantesque n'avait que quatre mètres de hauteur de tronc, il avait plus de vingt-trois pieds de circonférence (près de huit mètres et cubait cent-vingt pièces ou décistères de bois, sans compter une invraisemblable quantité de bois de chauffage fourni par les branches.)

Le tronc, scié en grossses pièces, servit, au commencement du siècle dernier, à consolider les fondations de la grande cheminée d'une fabrique de sucre de betteraves que le propriétaire de la forêt établit à Bornel (Oise) quand au moment du blocus continental le sucre valait jusqu'à plus de six francs la livre.

La croix du chemin de l'Ile à Nesles, dont il est question dans la même charte et paraît être une marque de délimitation ne peut être que la *Croix des Friches*, qui existe encore entre Parmain et Nesles-la-Vallée.

Cette croix par sa forme caractéristique peut être attribuée au Xe ou XIe siècle, elle existait donc déjà à l'époque qui nous occupe et il est à peu près certain que c'est d'elle dont il est question.

Elle est située presque à l'extrême Nord-Ouest du plateau qui sépare l'Isle-Adam et Parmain de Nesles-la-Vallée, à l'intersection de quatre chemins, dont l'un, connu sous le nom de *Sente au beurre*, était autrefois le grand chemin de l'Isle-Adam à Nesles.

Cette croix d'un seul morceau de roche très dure mérite d'être conservée comme souvenir historique. Il y en a une autre du même genre à cinq ou six cents mètres plus loin vers Nesles, au bas du coteau.

On voit par ce qui précède que les seigneurs de l'Isle-Adam des XIIe et XIIIe siècles, étaient déjà des personnages de grande importance puisqu'ils traitaient à peu près d'égal à égal avec les comtes de Beaumont, quand ces derniers étaient à l'apogée de leur puissance.

L'Isle-Adam
sous la Domination anglaise

Voici ce qu'en dit M. Douet d'Arck dans son histoire du comté de Beaumont:

« Sous la domination anglaise, Jean de
« Villiers, seigneur de l'Ile-Adam était
« capitaine de Chambli, comme l'apprend
« le passage suivant d'une lettre de ré-
« mission donnée l'an 1432 par Henri VI
« roi d'Angleterre à Pierre de Boisraulin,

« escuier, dit le Breton, lieutenant en la
« forteresse de Chambli, de notre amé et
« féal conseiller et mareschal de France
« le sire de l'Ile-Adam, capitaine de la-
« dicte forteresse de Chambli.

« *(Trésor des Chartes, J. registre 175,*
« *pièce 180.)*

« Ce même Jean de Villiers, seigneur
« de l'Ile-Adam, fomenta la trahison de
« Perrinet-le-Clerc qui livra la ville aux
« Bourguignons, l'an 1418. »

L'Isle-Adam aux Villiers de l'Isle-Adam

Pierre, seigneur de Villiers, allié par
sa mère à la maison des seigneurs de
l'Isle-Adam, fit l'acquisition du domaine
en 1364. Un de ses successeurs fut Jean
de Villiers que nous avons cité dans le
chapitre précédent.

Ayant eu la bonne fortune d'avoir

entre les mains et de pouvoir prendre copie d'un manuscrit très intéressant écrit vers 1854 d'après des documents authentiques par M. André, ancien architecte des deux derniers princes de Conti, seigneurs de l'Isle-Adam, je m'empresse d'en extraire les lignes suivantes :

« Jacques de Villiers, héritier de la
« terre de l'Isle-Adam, acquit le
« 2 juin 1470, par adjudication sur
« Charles de Beaumont, la terre de
« Nogent-le-Tigneux, avec le lieu sei-
« gneurial appelé *la Haute Salle*, un
« vieux château, deux cents arpents de
« bois nommé le *Bois de Breuile* et
« trente arpents de bois à Girofay, cin-
« quante arpents de pâturage au lieudit
« *Des Rotondes*, vers le marais de
« Nogent et deux cents arpents de friche
« au canton *des Bruyères*. »

Le nom de Nogent-le-Tigneux ne peut être attribué à une autre localité qu'au Nogent actuel, le lieu seigneurial de la

Haute Salle, ne laissant aucun doute sur ce sujet, car il y a encore à la partie Est de ce hameau un quartier appelé ainsi et une rue de la Haute Salle.

Le manuscrit de M. André se continue ainsi :

« Antoine de Villiers qui épousa en
« premières noces Marguerite de Mont-
« morency, eut tant de la succession de
« Jacques de Villiers, son père, qu'au
« moyen des acquisitions qu'il fit de
« ses frères et sœurs les terres de l'Isle-
« Adam, Valmondois et Nogent.

« Charles de Villiers qui devint évêque
« de Limoges, outre la succession de son
« père et au moyen des abandons que lui
« firent : 1º Agnès du Moulin, seconde
« femme de son père, les 27 Août 1510
« 19 Décembre 1517 ; 2º Charles de
« Villiers son frère le 18 Décembre 1527
« fut propriétaire de l'Isle-Adam et de ses
« dépendances. Il fit diverses acquisi-
« tions : notamment du grand prieuré de

« France, par acte du 23 Juillet 1524 de
« quatre-vingt-sept arpen's, soixante-
« sept perches de bois lieudit *le Bois*
« *du Temple* en la terre de l'Isle-Adam. »

L'Isle-Adam
aux ducs de Montmorency

Nous continuons à emprunter au même auteur les lignes suivantes :

« Par actes des 26 Août et 10 Septem-
« bre 1527, Charles de Villiers, donna
« sous la réserve d'usurfruit en sa faveur,
« et sous plusieurs autres conditions
« énoncées aux dits actes la terre de
« l'Isle-Adam et ses dépendances, à Anne
« de Montmorenci, grand-maitre et con-
« nétable de France, son cousin.

« Par actes du 23 juin 1528, Anne de
« Montmorenci, acquit la seigneurie de
« Méri et trois parties de bois, dont cent-

« quatre-vingt arpents sont appelés la
« grande vente. Il fit encore plusieurs
« autres acquisitions, notamment la terre
« de Jouy-le-Comte, moyennant 9,000
« livres par sentence du palais du 3 fé-
« vrier 1552. Il réédifia pendant sa jouis-
« sance le château de l'Isle-Adam et le
« moulin Banal sur le pont, à côté du-
« quel sont les prisons et audience, et
« sur lesquels il fit placer ces mots : *A*
« *Planos*, légende adoptée par la maison
« de Montmorenci. Il mourut de ses
« blessures à la bataille de Saint-Denis
« le 12 novembre 1567 âgé de 80 ans,
« laissant de son mariage avec Made-
« leine de Savoie douze enfants dont
« cinq filles. »

Il fit aussi l'acquisition de la seigneurie
de Méru qu'il acheta en 1537 à Claude
de Montmorenci, baron de Fosseux ou
Fosseuse, qui s'était marié en 1521 à
Anne d'Aumont, qui la lui avait apportée
en dot avec d'autres biens.

On lit aussi dans le manuscrit de
M. André :

« François de Montmorenci, maréchal
« de France, fils aîné du connétable, lui
« succéda dans la propriété de l'Isle-
« Adam. Il épousa en 1557 Diane, fille
« légitimée de Henri II, roi de France, à
« laquelle il donna les domaines de l'Isle-
« Adam. Elle acquit le 10 octobre 1564,
« par adjudication sur le prieuré du Lay,
« neuf arpents soixante perches de pré,
« enclavé dans le parc de l'Isle-Adam. Il
« mourut sans postérité au château
« d'Ecouen le 6 mai 1579. »

Les prés dont il vient d'être question
portent encore le nom de prés du Lay, ils
sont situés sur le bord de l'Oise et le territoire de Parmain, entre le chemin de
fer et la rivière, près du chemin qui va
du bord de l'eau à Jouy-le-Comte. Ils
sont actuellement en culture.

Il subsiste encore du prieuré du Lay,
dont les moines avaient vendu ces prés,

quelques ruines connues sous le nom d'ancien couvent de Saint-Robert.

Nous reprenons la suite du manuscrit de M. André.

« Henri Ier, duc de Montmorency,
« connétable de France, second fils
« d'Anne de Montmorency succèda à son
« frère dans la propriété de l'Isle-Adam.
« Il épousa en seconde noces, Louise de
« Budes, dont il eut Henri II de Mont-
« morency, et trois filles, l'une nommée
« Charlotte-Marguerite. Elle épousa en
« 1609 Henri de Condé, deuxième du nom,
« fils unique de Henri Ier, Il mourut le
« 1er avril 1614 dans la ville d'Agde,
« dépendant de son gouvernement du
« Languedoc.

Pendant les troubles de la Ligue, le château de l'Isle-Adam eut à diverses reprises beaucoup à souffrir de la guerre civile, il fut pris, repris à diverses reprises ; il fut même incendié en 1570 par les ligueurs de Beauvais.

Henri Ier, duc de Montmorency et seigneur de l'Isle-Adam, qu'il n'habitait pourtant à peu près jamais, avait pris parti pour Henri IV. Le 13 juillet 1589, ce roi annonçait à Madame de Gramont, comme ayant eu lieu le jour même, la prise de l'Isle-Adam, qui était d'une grande importance, au point de vue des ponts sur l'Oise qui facilitaient les communications entre les deux rives ; il devait, disait-il, y aller le lendemain, mais il en fut empêché, car ce jour-là il était à Chambly à un peu plus d'une lieue de là, seulement il eut soin, pour assurer la prise, d'y envoyer un détachement de ses troupes pour occuper le château et la tour.

L'année suivante, Henri IV dut reprendre de nouveau le château que les ligueurs lui avaient enlevé à leur tour. Ce furent les capitaines de Perthuis et de Hédouville qui firent cette nouvelle conquête.

Ces deux capitaines étaient des gentil-
hommes des environs, où il y avait une
famille de Hédouville. Les Perthuis étaient
de Chambly ; il y a encore près de là un
bois assez important appelé le bois de
Perthuis.

En 1591, le roi Henri IV écrivit au duc
de Montmorency, seigneur et propriétaire
de l'Isle-Adam, une lettre datée de Noyon,
dans laquelle il lui raconte comment les
Pontoisiens ont surpris la forteresse,
dont le gouverneur était absent.

Voici la lettre du bon roi :

« Mon cousin, il y a quinze ou vingt
« jours que je vous écrivis par un messa-
« ger. .. je vous ai depuis cinq ou six
« jours encore écrit par un laquais que
« je renvoyais vers le sieur Desdiguières,
« dont contraint de me servir desdites
« commodités, faute de meilleures ; et
« peur que ledit laquais soit pendu ou
« que vous n'ayez pas eu la lettre, j'ai

« adressé de vous faire mettre ici un
« duplicata par lequel vous verrez
« qu'il n'est rien survenu de nouvelles,
« sinon que pendant que le sieur Esdour-
« ville, qui commandait à l'Isle-Adam,
« était venu pour se trouver à la bataille,
« ceux de Pontoise ont surpris le bourg
« et le château dudit l'Isle-Adam, où ils
« se sont fort insolemment portés, même
« dont j'ai eu déplaisir. Et j'espère bien le
« leur faire payer ; même celui qui com-
« mande à Pontoise qui a d'autres mai-
« sons où il sera aisé de se revancher. »

Les faits dont parle Henri IV s'étaient
passés le 21 Août 1591. La garnison de
Pontoise, profitant de l'absence du capitaine d'Hédouville avait pillé le bourg de
l'Isle-Adam, incendié le château et mis le
feu en divers endroits. Leur chef était M.
d'Hallaincourt.

Les ligueurs conservèrent intacte la
tour du château, dans laquelle ils laissè-
rent une garnison composée de lansque-

nets. Mais l'Isle-Adam ne tarda pas à être repris.

Moins d'un mois plus tard, le 12 septembre MM. d'O, et de Fontenay, ainsi que d'autres qui étaient partis de Senlis avec le régiment de la garde et d'autres troupes, quatre pièces de canon et 254 boulets de batterie en huit charrettes avec 24 caquets de poudre à canon parurent devant la petite ville.

L'artillerie était commandée par Jonny, commissaire royal. On somma les lansquenets de se rendre ; sur leur refus, le feu fut ouvert immédiatement et une brèche pratiquée à coups de canon. On allait donner l'assaut, quand les ligueurs firent des propositions de rendre la place.

Une trêve fut conclue entre MM. d'O, et d'Alincourt, ou d'Hallaincourt, la neutralité de la ville et du château-fort en fut une des conditions. Le capitaine d'Hédouville reprit le commandement de la défense de la forteresse et maintint libre le passage de la rivière.

Cet arrangement fut confirmé d'une manière formelle par une nouvelle convention du 13 mars 1593.

D'après une tradition locale, absolument confirmée par ce qui précède, l'armée de Henri IV aurait campé sur le Montrognon, monticule circulaire assez important situé entre Jouy-le-Comte et Champagne à deux kilomètres de l'Isle - Adam et à moins de quatre de Chambly, où le roi avait couché le 13 juillet 1589.

*
* *

Après la mort de Henri Ier duc de Montmorency arrivée le 1er avril 1614, son fils Henri II de Montmorency, pair et connétable de France, hérita de la seigneurie de l'Isle-Adam. Il fut nommé par le roi gouverneur et lieutenant général au pays de Languedoc, comme l'avait été son père. Il avait épousé très haute et très puissante dame, Madame Laurence de Clermont.

Il fut condamné pour cause de rébellion au roi Louis XIII par arrêt du parlement de Toulouse du 30 novembre 1632 à perdre la tête sur l'échafaud. Tous ses biens furent confisqués et mis à la disposition du roi, mais en considération des grands services rendus à la France et à la monarchie par la famille de Montmorency, Louis XIII en rendit la possession aux héritiers naturels du supplicié qni n'avait pas laissé de postérité, mais qui avait trois sœurs : Charlotte-Marguerite de Montmorency, princesse de Condé, et les duchesses d'Angoulême et de Ventadour.

Par lettres patentes du mois de mars de l'année 1633, Louis XIII donna aux duchesses d'Angoulême et de Ventadour, les domaines d'Ysigny, et au prince de Condé et à son épouse tous les autres

domaines y compris ceux de la seigneurie de l'Isle-Adam.

La veuve du duc de Montmorency eut
pour sa part l'usufruit d'une partie de
l'héritage, parmi laquelle il y avait la
seigneurie de Méru, dont elle eut la jouissance jusqu'à sa mort en 1653.

Les princes de Conti
Seigneurs de l'Isle-Adam

Avant les princes de Conti, seigneurs
de l'Isle-Adam, il y avait déjà eu d'autres
princes qui avaient porté ce titre, Le plus
connu fut un neveu de Henri IV, nommé François de Bourbon qui épousa une
demoiselle de Guise en 1605, et mourut
assez jeune sans postérité en 1614.

A propos de ce prince de Conti et
de son épouse il peut être intéressant de
signaler que l'on trouve assez souvent

des doubles tournois, ou anciennes petites pièces de cuivre de la valeur de deux deniers, marqués Bourbon de Conti.

Ces menues monnaies qui ne sont pas rares dans les collections des numismates, ont été frappées par les ordres de la veuve de ce prince et après la mort de ce seigneur, quoiqu'elles portassent son nom et même son effigie.

Ce que nous venons de dire n'a qu'un rapport indirect avec l'histoire de l'Isle-Adam et si nous en avons parlé, c'est pour que les lecteurs ne fassent pas de confusion et sachent que les princes de Conti seigneurs de l'Isle-Adam n'ont jamais battu monnaie, car en ce temps là aucun seigneur en France, si puissant qu'il fût n'aurait osé le faire, ce privilège féodal ayant été complètement aboli par Richelieu, sous Louis XIII et la fabrication de la monnaie étant devenue un des privilèges de la couronne.

Le prince de Condé et Charlotte-Marguerite de Montmorency eurent trois enfants :

L'ainé fut Louis II de Bourbon prince de Condé dit le Grand Condé, le vainqueur des Espagnols aux batailles de Rocroy, de Lens et d'un grand nombre d'autres combats.

Le second fut Armand de Bourbon, prince de Conti, second prince du sang, gouverneur du Languedoc.

Le troisième était une fille, Anne-Marie-Geneviève de Bourbon, qui épousa très haut et très puissant seigneur Henri d'Orléans, duc de Longueville et d'Estourteville, prince souverain de Neufchâtel et Villangin en Suisse, seigneur, châtelain de Coulommiers-en-Brie, Fresnes-Léguillon et Méru, comte de Dunois, Saint-Pol, Gournay, lieutenant général et gouverneur pour sa Majesté en Normandie.

Par le partage des biens de leur père

fait en 1651 le prince de Condé où plutôt le Grand Condé eut pour sa part les domaines dont Chantilly était le centre. Le prince de Conti, ceux de l'Isle-Adam et d'autres, et la duchesse de Longueville ceux de Méru et des environs.

Le prince de Conti épousa le 22 février 1654 Anne-Marie Martinozzi, fille de Jérome ou Jéraume comte de Martinozzi, noble romain et d'une sœur du cardinal de Mazarin dont il devint le neveu.

D'après M. André, ce prince fit des religieux feuillans de l'abbaye du Val, l'acquisition des moulins à blé et à drap de Valmondois. Il établit à l'Isle-Adam des prêtres de la congrégation de Saint-Joseph-de-Lion pour l'instruction des habitants. Il réunit les chapelles de Saint-Lazare et du Château à la cure, dont la collation fut cédée par l'abbé de Saint-Martin de Pontoise, confirmée par le pape en 1668 et par le roi en 1670.

Ce prince mourut le 21 février 1666,

laissant de son mariage deux fils : l'aîné était Louis-Armand de Bourbon, qui devint dès lors prince de Conti. Il était âgé de moins de cinq ans, étant né le 30 avril 1661.

Le second était François-Louis de Bourbon, né le 30 avril 1664, trois ans jour pour jour après son frère ainé. Il porta successivement les noms de comte de la Marche, de Clermont, de prince de la Roche-sur-Yon et de prince de Conti.

Ces deux jeunes princes restèrent sous la tutelle de leur mère.

Toujours d'après M. André pendant la minorité de l'aîné de ces princes, il fut fait plusieurs acquisitions de maisons et d'emplacements avoisinant le château de l'Isle-Adam, notamment de l'île de la Cohue en face le château. Il fut acquis de M. de Balincourt le fief Cocusse à Valmondois, ainsi qu'un moulin à drap et à huile situé au même village.

Peu après sa majorité, en 1684, ce

prince acquit le clos Robert, le fief le Roi, le fief Dormans ou l'Aillevault, le fief Baté, la petite ferme Vouluette et autres.

Il mourut sans postérité au château de Fontainebleau, chez son oncle le Grand Condé le 9 novembre 1685, à l'âge de 25 ans, il avait épousé en 1680, Marie-Anne de Bourbon (Mademoiselle de Blois, fille légitimée de Louis XIV et de Mlle de la Vallière.)

****

Troisième Prince de Conti
(Le Grand Conti)

Le prince de la Roche-sur-Yon succéda à son frère et devint à son tour seigneur de l'Isle-Adam et prince de Conti, Il épousa en 1688, Marie-Thérèse de Bourbon, sa cousine, fille du Grand Condé.

Dans sa jeunesse, ce nouveau prince de Conti avait été ainsi que son frère et le beau-frère de ce dernier, le duc de Vermandois, fils de Mlle de la Vallière et de Louis XIV faire la guerre en Hongrie, où il s'était couvert de gloire en combat-tant les Turcs. Le duc de Vermandois fut même tué dans cette expédition.

Comme ils étaient partis pour cette expédition sans le consentement de Louis XIV, ce monarque fut fort mécontent de ce qu'il considérait comme une incartade et une grave infraction à leurs devoirs envers lui et leur tint assez longtemps rigueur, surtout à l'ainé des deux princes.

Pendant le temps que François-Louis de Bourbon fut seigneur de l'Isle-Adam, la gloire des princes de Conti monta à son apogée et soutint à un haut degré l'honneur de sa maison.

Ayant fait l'apprentissage des armes avec le Grand Condé son oncle et son beau-père, il se couvrit de gloire dans les guerres de l'âge mûr du grand roi, ce fut le plus célèbre des princes de Conti et il mérita bien son nom de Grand Conti.

Il fut élu roi de Pologne en 1697, à la mort de Sobiesky, mais lorsqu'il arriva pour prendre possession du trône il le trouva déjà occupé par Auguste II qui l'avait supplanté avant son arrivée.

Malheureusement, ce prince mourut relativement jeune, en 1709, à l'âge de 45 ans ; ce fut un grand capitaine de moins pour la France, à qui il aurait peut-être, s'il avait vécu, évité les revers militaires de la fin du règne de Louis XIV.

Il eut un fils qui lui succéda: Louis-Armand de Bourbon-Conti, né le 10 novembre 1695. Il eut aussi une fille Louise-Adélaïde de Bourbon, princesse de la Roche-sur-Yon, né le 2 novembre 1696.

Voici d'après M. André, le détail des acquisitions qu'il fit pour augmenter le domaine, et le détail des constructions et des réparations qu'il fit effectuer, nous copions textuellement.

« François Louis, prince de Conti, acquit en 1693, cent dix arpens de bois en trois parties dans la basse forêt sur lesquels le seigneur de Balincourt avait toute justice qu'il concéda en 1693 audit François Louis, prince de Conti. Le 20 juin 1701, ce prince acquit la seigneurie de Chambly. En 1703 et 1706 ce prince acquit la seigneurie de Boulonville, relevant de Beaumont. Dans la même année 1706, il acquit aussi les fiefs de Vaux à Champagne, les fiefs de Mondétour, au Minil-Saint-Denis, et les fiefs de Giraucourt et Hardivillers. Le 16 Janvier 1707, il acquit des bâtiments, jardins et clos qu'il eschangea le 10 Février suivant, avec l'évecque de Senlis, prieur de Saint-Godegrand de l'Isle-Adam, contre la maison prieuriale, la chapelle et jardin du prieuré situés dans l'ile et devant le chateau.

« Il fit ragréer le chateau et fit construire le gros pavillon à gauche à la place
de la grosse tour qu'il fit abattre. »

D'après M. Douet-d'Arck, ce prince acquit le comté de Beaumont le 14 Novem-
1705 : nous l'avons d'ailleurs déjà dit
quand nous avons parlé de ce comté.

*
* *

Curieux Document sur le Grand Conti

Voici au sujet du prince de Conti un
portrait finement étudié et tracé de main
de maître par un de ses contemporains,
M. le duc de Saint-Simon :

« Galant avec toutes les femmes, amou-
reux de plusieurs, bien traité de beaucoup, M. le prince de Conti était encore
coquet avec tous les hommes. Il prenait
à tâche de plaire au cordonnier, au laquais, au porteur de chaise, comme au
ministre d'Etat, au grand seigneur, au

général d'armée, et si naturellement que
le succès en était certain. Il fut aussi les
constantes délices du monde, de la cour,
des armées, la divinité du peuple, l'idole
des soldats, le héros des officiers, l'espé-
rance de ce qu'il y avait de plus distingué,
l'amour du Parlement, l'ami avec discer-
nement des savants et souvent l'admiration de la Sorbonne, des jurisconsultes,
des astronomes et de mathématiciens les
plus profonds.

« Chez lui, l'utile et le futile, l'agréable
et le savant, tout était distinct et en sa
place. Il avait des amis ; il savait les
choisir, les cultiver, les visiter, vivre
avec eux, se mettre à leur niveau sans
hauteur et sans bassesse.

« Son esprit était naturel, brillant, vif,
ses reparties promptes, plaisantes, jamais blessantes ; le gracieux répandu
partout sans affectation, avec toute la
facilité du monde, de la cour, des femmes

et leur langage avec elles. Tout en lui prenait un air aisé.

« Cet homme si aimable, si charmant, si délicieux n'aimait rien. Il avait et voulait des amis, comme on veut et comme on a des meubles. Encore qu'il se respectât, il était bas courtisan ; il ménageait tout et montrait trop combien il sentait ses besoins en tous genres de choses et d'hommes ; avare, avide de biens, ardent, injuste.

« Jamais homme n'eut tant d'arts cachés sous une simplicité si naïve, sans quoi que ce soit d'affecté en rien : tout en lui coulait de source ; jamais rien de tiré, de recherché ; rien ne lui coûtait. On n'ignorait pas qu'il n'aimait rien, ni ses autres défauts ; on les lui passait tous, et on l'aimait véritablement, quelquefois jusqu'à se le reprocher, toujours sans s'en corriger. »

Document curieux
copié dans les Archives de la Mairie de Parmain

Ce document, très intéressant pour l'histoire de l'Isle-Adam, a été copié textuellement dans les registres de l'état civil de Parmain du XVIIe siècle qui étaient alors tenus par les curés de la paroisse.

« Le jeudi, quatrième jour du mois de février de l'année mille six cent soixante et douze, Anne-Marie Martinozzi, princesse de Conti, décéda à Paris an son hotel sur les quatre heures du matin, au cinquième jour de sa maladie âgée d'anuiron trante cinq ans an ayant passé douze avec Armand de Bourbon, prince de Conti second prince du sang gouverneur du Languedoc, son époux qu'elle n'a survécu que de six ans, elle a laissé le prince de Conti son fils agé seulement de dix ans dix mois et le prince de la

Roche sur Yon son second fils d'anviron huit ans. le même jour son cors fut exposé sur un lit de parade : ou il fut visité par un nombre infini de personnes dont les larmes exprimoient la juste douleur que toute la ville et toute la cour auaient de la perte dune personne si illustre et qui seruait d'example a un chacun par léducation chrestienne quelle donnoit aux princes ses enfans par le bon régleman de sa maison, par sa charité anuers les pauvres, son assiduité an tous les exercices de piété sa patiance dans ses maladies presque continuelles, anfin par sa manière si pleine de bonté, de douseur et déquit dont elle traittoit avec toute sorte de personnes et par laquelle cette pieuse princesse sétoit aquis l'amour aussi bien que le respect et l'admiration de tout le monde.

« Le lendemain son cœur après auoir été ambaumé et anfermé dans une boeite dargent fut sur le soir conduit par la

Duchesse de Longueville sa belle sœur puinée, de la Duchesse de Brissac et de plusieurs aues personnes de qualité au grand couuant des Carmélites du fausbourg st jaques : ou reposent ceux de plusieurs princes et princesses de la maison des bourbons. M. Vidonne son aumonier le présenta a Lantrée de ce monastère a levesque d'Authun qui le posa sur une estrade préparée à cet effet au milieu du chœur des religieuses lesquelles noubliaient rien de tout ce qui pouuait marqué dans cette action le respect qu'elle conseruaient pour la mémoire d'une princesse dune si rare vertu et qui leur auait donné toutes les marques possibles de sa bienveillance.

« Le sixième feurier sur les sept heures du soir le cors de son altesse sérénissime Madame la princesse de Conti, ayant aussi été ambaumé et anfermé an un cercueil de plomb fut porté sans aucune cérémonie ainsi quelle lauait expresséman ordonné par son testaman fut porté a léglise St André des arcs sa paroisse ou elle auait sa sépulture ; elle est proche le maitre autel.

« Elle auait été malade deux années auparavant dans cette paroisse de Jouis étant logée au pavillon, le chateau de Lisladam ayant été bruslé, elle failli a mourir et je lui administray dans une nuit ses sacremans et elle fit son testaman antre nos mains, jamais il ne se vera une princesse si pieuse, cette paroisse lui a des obligations infinies, car lorsque je suis venu pour être curé il n'y avait pas de maison presbytérale depuis près de trante ans elle me fit batir a ses dépens celui danuy elle fit par son crédit que le jardin qui était petit on y joignit le cimetière. Léglise san allan par terre elle antreprit les gros dismeurs pour les réparasions nous nauions point d'ornements elle nous en donna de très beaux quelle avait fait elle même a léguile.

« C'était son grand plaisir de travailler pour Dieu elle était très bien faite d'un très grand esprit d'une dévotion sans mine et sans contrainte.

« Jamais personne n'a tant aimé la hiérarchie, elle avait une vénération toute particulière pour les évesques et les curés, elle ne manquait aucun dimanche à sa paroisse tant à Paris qui cy et comme elle venait passer tous ses étés icy nous avions l'honneur d'être témoin de sa vertu. Jamais depuis qu'elle a été à Dieu on ne la vu au bal, aus danses, aux comédies ; dans ses paroisses pendant qu'elle a vescu on ne savait ce que c'étoit que de cabarets, de danses et autres divertissements du siècle, les procès ont été bannis de ses terres par le soin quelle auoit de mettre des bons officiers et que Messieurs les curés nauoient qu'à lui donner auis des désordres elle népargnoit rien pour les exterminer elle défandoit très rigoureusement les veilles dans des

caves ou autres et on châtioit les coupa-
bles sans miséricorde. Elle auoit une hor-
reur étrange des péché, la seule ombre
lui faisoit peur. Les blasphémateurs et
autres méchants subisoit les peines des
lois. Sa présance inspiroit la piété et la
modestie et ce qui étoit bien rare dans la
corruption du siècle elle a û l'approbation
des bons et des meschans et le roy la
reine toute la cour M^r le prince de Condé
ont témoigné une douleur proporsionnée
à la haute estime qu'ils avoient de cette
grande princesse je naurois jamais fait il
me suffit de dire qu'on ne verra jamais
princesse si humble pendant que tout le
monde auoit de l'admiration pour elle.
ses aumones sont incroyables et ne vouloit pas qu'on la remersia il ni auoit dac-
tion de piété ou elle neut part combien de
fois lauons uu aller visiter dans ses
deus paroisses les pauures malades leur
faire donner de ses bouillons porter des
lits et des draps et son médecin apoticaire.

et aues auoient ordre de leur fournir tout ;
elle auoit établi des confréries de charités
pour les malades et par son example elle
obligoit nos paroissiens dan faire autan.
combien d'étoffe ma telle donné pour
habiller les pauvres grans et petits combien de chemises combien d'argent pour
paier la taille des pauvres et elle vouloit
que tout cela passoit par nos mains pour
nous donner plus de crédit sur lesprit de
nos paroissiens afin quan leur faisant du
bien ils fussent mieux disposés à profiter
des vérités que nous leur annonsions
mais son éclatante charité se fit voir
lorsquelle nous fit donner un très grand
nombre de draps de couvertures pour que
les mères et les pères ne couchassent pas
leurs anfans auec eux lorsqu'ils com-
mençoient à avoir six ou sept ans afin
aussi que les frères et les sœurs ne couchassent point ansemble pour obuier à
tant de malheurs quon a uu et que les
anfans conservassent l'innosance de leur

bastème elle avoit une devotion extraor-
dinaire au premier sacreman de l'autel
elle méditait beaucoup lévangile elle nous
exhortait à tenir ferme dans l'administration des sacreman de pénitanse de ne pas
suivre la morale corrompue et relachée,
mais de nous attacher aux maximes in-
violables de l'évangile et à celle des pères
de léglise et non point des casuistes. Anfin toute léglise a fait une perte très
grande il me suffit de dire quelle est au
dessus de tous les éloges et que *ipsa sibi
elogiam est* et que c'est son altesse sérénissime la princesse de Conti qui est
morte qui était dame *(ici deux ou trois
mots illisibles)* de cette paroisse et c'est
bien le moins que mes successeurs pour
les grands services quelle a randu à cette
église de dire une messe basse du jour
pour son intansion, car tout le monde
courait a Paris comme a une sainte. On
peut voir la vie de feu Mgr le prince de
Conti à la lecture de la défanse de son livre

contre la comédie quil avoit composée ou il apprend à tous les chrestiens de fuir les théâtres, notre paroisse depuis trois ans que j'y étois avait resu delle près de six mille francs tant pour l'église que pour le presbytère, je ne parle point des pauvres car il est surprenan on le verra dans sa vie on la uu monter par des eschelles visiter des pauvres malades abaudonnés pour moi je ne ferai jamais une plus grande perte. »

« JACQUET curé de Jouy. »

* *
*

Quatrième Prince de Conti

Le quatrième prince de Conti, seigneur de l'Isle-Adam, fut Louis-Armand de Bourbon qui en 1709 à la mort de son père, hérita de ses titres et de ses biens. Il n'était alors âgé que de quatorze ans.

Ce prince épousa comme son père une

de ses cousines Louise-Elisabeth de Bourbon-Condé dont il eut un fils, Louis-François de Bourbon-Conti, né le 13 Août 1717 qui fut son héritier à sa mort arrivée en 1727 à l'âge de trente-deux ans.

Voici d'après M. André les augmentations qu'il fit à son patrimoine :

« Il acquit en 1712 le duché de Mercœur, et pendant toute sa vie il fit beaucoup d'acquisitions de maisons et de jardins à l'Isle-Adam, notamment de l'hôtel de la capitainerie de Pierre Bergeret de Valmont tant pour agrandir le château et sa basse-cour que pour éloigner les propriétaires qui habitaient dans l'île du château. »

On voit par ce que dit M. André que la partie sud de l'île était habitée autrefois et qu'il y eut même là une certaine agglomération composée du prieuré et d'habitations particulières.

Cinquième Prince de Conti

Louis-François de Bourbon-Conti devint prince de Conti à la mort de son père en 1727. Il n'était alors âgé que de dix ans. Il épousa en 1732 à quinze ans Louise-Henriette de Bourbon, duchesse d'Orléans qui mourut deux ans plus tard le 1er Septembre 1734, en donnant le jour à un fils que l'on nomma Louis-François-Joseph de Bourbon, comte de la Marche.

Ce cinquième prince de Conti eut une carrière militaire assez brillante : en 1744, il gagna la bataille de Coni en Sardaigne, en 1746, il s'empara de la la ville de Mons en Belgique.

En récompense de ses services militaires, le roi Louis XV, lui donna six pièces de canon prises sur l'ennemi, avec le privilège de placer ces pièces d'artillerie dans l'avant-cour de son château de l'Isle-Adam.

Quand il était à ce château, des fêtes et des réjouissances de tout genre avaient lieu presque constammeut dans le pays· Il avait réuni autour de lui tous les éléments d'une cour aimable et spirituelle, où tous les grands seigneurs et même les roturiers de mérite étaient admis.

Dans le pays et aux environs, il était surtout connu sous le nom populaire de « père prince » il était fort aimé de ses vassaux.

A la cour de Louis XV, il était plutôt craint et estimé qu'aimé véritablement, et il s'y était même fait une ennemie irréconciliable et dangereuse dans la circonstance suivante :

Ayant été invité et pressé vivement par son souverain de faire une visite à la favorite, il entra dans la chambre à coucher de la comtesse et s'asseyant sur son lit, il se mit à dire d'un air fort p

— Tiens, vous avez un bien bon lit pour une femme comme vous.

La vengeance de la Pompadour ne se fit pas longtemps attendre et le prince reçut l'ordre d'aller passer quelque temps en exil à son domaine de Trie-Château.

Mais le prince de Conti n'en fit rien et affirma au roi que ce château menaçait ruine et en fit même pour la frime étayer les constructions. Le faible monarque n'insista pas, car malgré tout il l'avait en très grande estime. Cependant la favorite chercha toujours à lui nuire.

Le prince avait la parole très facile et Louis XV disait souvent en parlant de lui : « *le père procureur.* » En politique il tenait pour le parti du parlement contre le roi et ses ministres. »

En matière religieuse, il avait une grande tolérance, et ramena même avec lui de ses guerres à l'étranger, plusieurs anabaptistes (secte religieuse qui ne baptisaient leurs enfants que quand ils avaient atteint l'âge de raison) il les établit dans une de ses propriétés, la ferme de Boulonville à Jouy-le-Comte. Ces anabaptistes, lui avaient, paraît-il, sauvé la vie dans les guerres de Flandre.

Il était passionué pour la chasse et ses équipages étaient, paraît-il, les plus considérables que l'on eût jamais vus. La chasse à courre et surtout la chasse au cerf, faisait ses délices et les plus grands personsonnages de France et même de l'étranger se faisaient un plaisir de venir assister à ces fêtes cynégétiques qui étaient souvent splendides.

Deux tableaux exécutés par le peintre Olivier (Michel Barthélemy) représentant des chasses célèbres de ce prince sont encore actuellement l'un au Musée du Louvre, l'autre à celui de Versailles.

Comme beaucoup de grands seignenrs de son temps, il avait des tendances à admettre les idées philosophiques nouvelles, et il eut des relations amicales avec les philosophes de son temps.

Vers la fin de sa carrière, il eut l'idée

bizarre et originale de faire préparer son cercueil en plomb, dans lequel il ne craignit pas de s'étendre en plaisantant sur la gêne qu'il y éprouverait.

Il mourut à Paris dans son hôtel du Temple le 2 Août 1776, à l'âge de 59 ans. On rapporta son corps à l'Isle-Adam, où il fut déposé dans un caveau provisoire en attendant son inhumation définitive.

D'après le manuscrit de M. André, ce prince avait fait construire une chapelle avec l'intention d'en faire la sépulture des princes de Conti, mais il est probable qu'elle n'était pas encore terminée à sa mort, puisque son corps fut d'abord déposé dans un caveau provisoire.

Son fils unique, le comte de la Marche fit terminer cette chapelle, et le corps du prince y fut inhumé définitivement le 2 Août 1777 un an jour pour jour après son décès.

Ce fut le seul des princes de Conti qui fut inhumé dans cette sépulture de famille.

La chapelle fut dégradée pendant le cours de la Révolution, mais elle fut rétablie en 1812.

Voici, d'après M. André, le détail des acquisitions que le prince avait faites :

« Ii acquit le 13 Juin 1734 du prince de Condé en échange du tiers de la principauté d'Arche et d'Arleville, pour le tiers de la baronnie d'Yvri, la propriété de la basse forêt d'Enguin, et tous les droits sur Prêles, Préroles, Nerville, Villers-Adam ; et en 1746, il acquit la terre de Mesnil Sainte-Honorine, les fiefs et marais de Mesnil Saint Denis, et moitié du fief de M. le maréchal d'Armentière.

« Dans la même année 1746, il acquit de M. de Verdronne.

« 1° Le chateau de Stors, avec les fiefs du grand moulin, depuis donnés en échange aux feuillans ; les fiefs de Grand ; neuf arpents de prés situés à Stors ; 2° le fief de deux cents arpents de bois de la grande vente, situés dans la forêt de

L'Isle-Adam. 3° Le fief Crochard à Nogent ; 4° Le fief de Galois d'Aunay, situé
dans la basse forêt ; 5° Le fief de Corfon-
taine, de douze arpens situés dans le
potager de L'Isle-Adam, le fief de Bour-
nonville, d'escalpoir à Valmondois ; 6° Le
fief Braban a Hérouville, Villers-Adam,
Nointelle, Carnelle.

« En 1747, le prince de Conti remit au
roi les terres d'Ivry et Garennes, dont
les revenus annuels montaient a près de
cinquante mille livres ; sa majesté en
échange lui concéda les domaines et
comtés de Beaumont sur Oise, la plus
grande partie de la forêt de Carnelle, le
comté de Chaumont, la terre d'Augy,
près Mouy, les domaines de Pézenas et
Bagnoles, en Languedoc, Pontoise, Mente
et Meulan ; tous lesquels objets furent
lors évalués a quarante et un mille cinq
cent soixante deux livres de revenus.

« En 1745 et 1746, ce prince réunit à
ses domaines de L'Isle Adam : 1° La terre

de Prêle ; le fief de Nointelle, Courselle, le fief du Val Saint Germain ; 3° Le fief de Philippe de Beloy, a Nerville ; 4° La terre de Moure ; la terre de Nointel, dont le château et la plus grande partie des domaines ont été échangés avec M. Bergeret pour son hôtel et ferme de Nogent ; 6° et plusieurs autres acquisitions.

« En 1750, ce prince fit l'acquisition du chenil du daim, du fief, jardin et maison à Auvert.

« En 1769, ce prince acquit de M. Brancal, comte de Laurangeais, la terre et seigneurie de Franconville, les deux tiers de la terre de Balliet et fief dont dépendent quatre cent vingt quatre arpens de bois à la haute forêt de Montmorenci et quarant et un arpens édemie à Carnelle.

« En 1775 et 1776, ce prince acquit 1° la moitié de la terre de Montoglan a Betmon ; de M. le comte de Balincour, la justice sur le terroir de Verville et les fiefs des bois des fonds de Nêle. Il fit en outre un grand nombre d'autres acquisitions pour opérer des percements de nouvelles routes et avenues sur le terroir de Lisle-Adam.

Sixiéme Prince de Conti

A la mort de son père arrivée le 2 août 1776, Louis-François-Joseph de Bourbon Conti, comte de la Marche, devint à son tour prince de Conti et seigneur de L'Isle-Adam. Il était alors âgé de 42 ans.

Il avait épousé à 23 ans, en 1757, contre son gré et d'après les ordres formels de son père, la sœur du duc de Modène, nommée Fortunée d Este, plus âgée que lui de trois ans, qui étai:t loin d'être jolie et avait paraît-il le plus long nez de la cour de France.

Cette union fut stérile, et d'après les chroniques du temps aucun rapprochement intime n'eut jamais lieu entre les époux.

Pendant le peu de temps qu'ils passèrent sous le même toit, le prince ne s'occupa pas plus de sa femme que s'il n'avait pas été marié, et par esprit de rancune de cet abandon injurieux, la princesse lui faisait toutes sortes de taquineries et dressait son chien à lui mordre les mollets, enfin ne voulant pas continuer à endurer les mortifications que lui causait l'indifférence de son époux elle ne parût plus guère à la cour de son beau-père, ni plus tard à celle de son mari.

Ce dernier prince de Conti avait déjà auparavant hérité du fait de sa mère et de sa grand'mère une fortune personnelle importante qui lui permettait de vivre selon son rang sans dépendre de son père.

Ce dernier lui avait laissé à sa mort un énorme patrimoine, mais il lui avait laissé aussi une situation de fortune très embarrassée par les dépenses de toutes sortes et les grandes acquisitions qu'il avait faites sans s'inquiéter de payer.

Le nouveau prince suivit d'abord les errements de son père, et quoiqu'il eut un peu moins que lui le goût des fêtes somptueuses, il se mit à son tour à faire de grandes dépenses d'acquisitions et surtout de constructions qui n'étaient pas en rapport avec ses revenus bien diminués par les intérêts et les rentes qu'il avait à payer.

Voici d'après M. André, le détail des nombreuses acquisitions, constructions, reconstructions et réparations qu'il a faites pendant le peu d'années où il eut à jouir des prérogatives de son titre de prince de Conti.

« Ce prince pendant la courte jouissance que la révolution française a interrompue fit diverses acquisitions, constructions et vente dont le détail suit :

« Il fit réédifier 1° ses châteaux de

Lisleadam, de Stors, de Saint Martin de Pontoise ; l'hotel de ville, l'auditoire, les prisons, la maison rouge 3° Il fit construire de nouvelles écuries de l'autre coté de la rivière, en face le chateau 4° il fit reconstruire en partie le chateau de Vauréal de la Lande et de Balliel ; 5° Il fit en murs et en saut de loup la cloture de quatre mille arpens de bois de la basse forêt, dont le pourtour a plus de quinze mille toises, des rendez vous de chasses des percements de route, des maisons de gardes, portes et grilles, dans la forêt de Carnelle ; des routes, des étangs, des clotures depuis Beaumont jusqu'à Prêles ; des barrières jusqu'à Nointel ; 6° les réparations du chateau de Beauchamp ; 7° Les chateau et fermes de Méru, les réparations des chateaux de Trie, du Mesnil Sainte Honorine ; de Chambly de Mouy et dépendances.

« Le 26 Septembre 1778, ce prince acquit dans la forêt de Lisle-Adam huit cent quarante six arpens quatre vingt quatorze perches de bois savoir : cinq cent vingt un arpens 40 perches de M. le baron d'Hiers, seigneur de Mafflier ; trente un arpens de M. d'Hérouville et deux cent vingt un arpens dix sept perches à titre d'échange du prieuré des Bons hommes, et quatre vingt trois arpens trente sept perches de M. le président Molé a cause de sa terre de Méry.

« Ce prince fit encore faire : 1° le parc aux sangliers, clos de murs d'environ trois cents arpens, tenant à Nerville, et aux coutumes de Prêle ; 5° Une séparation de la forêt de Nerville, d'avec la basse forêt, et avec des barrières à l'anglai e de neuf pieds de haut et huit pieds de large, chaque venteau s'ouvrait et se fermait à volonté dans la longueur d'environ deux mille cinq cents toises, depuis le parc des sangliers, jusqu'a la garenne de Villers-Adam ; 3° entre ses barrières et la route de Bois franc, un rendez vous de chasse, composé d'une salle, uue cuisine une écurie pour dix chevaux et un chenil;

4° Le rendez vous de chasse du Pavillon de Paris, composé d'un salon servant de salle à manger, d'un cabinet de toilette, d'une cuisine, d'une écurie et d'un chenil;

5° dans le bois de Cassant, d'un rendez vous de chasse dans la maison ambulante,

6° un rendez vous de chasse à la tour de Nerville sur le sommet de la montagne, élevé de trois étages, de dix huit pieds de diamètre dans œuvre, un escalier qui conduit à chaque étage et sur la terrasse pour voir les chasses et le débuché du cerf, soit de la forêt de Carnelle, soit de la haute forêt.

« D'après ce détail succinct, il est aisé de voir quelles dépenses considérables ce prince fit pour l'établissement des plaisirs de la chasse dans toutes ses possessions, en effet il n'existait pas en France, un cours de chasse plus facile et moins dangereux que celui de la forêt de l'Isle-Adam, dans toute l'étendue de laquelle on pouvait se livrer à la chasse du cerf, du daim, du chevreuil, du sanglier pendant le cours de toute l'année.

« Avant que Louis-François-Joseph prince de Conti, eut comme seul et unique héritier de Louis-François prince de Conti son père recueilli toutes ces belles possessions, ce prince avait fait les acquisitions ci-après détaillées : 1° La terre du Plessis Saint-Antoine près la Queue-en-Brie, à six lieues de Paris des héritiers Pellet, moyennant 160,000 livres 2° de la terre de La Lande de Madame la veuve Brouod, moyennant 200,000 livres 3° de la terre des Embalais de M. le président d'Ormesson moyennant 20,000 livres.

« Toutes ses possessions tenant ensemble, ce prince en les fesant clorre de mur, en fit un parc de deux mille quatre cents arpents environ. Il fit faire à Plessis Saint-Antoine des écuries dans les granges de la ferme ; pour deux cents cheveaux, des chenils pour deux cents chiens. Il fit reconstruire la majeure partie du chateau de la Lande. Toutes ces dépenses relatives à ces objets montèrent à une somme de 325,289 livres.

« En 1778, ce prince fit moyennant 460,000 livres l'acquisition de Madame de Marbeuf, des bois de Saint-Martin, contenant sept-cents arpens, attenant le parc ci-dessus désigné, où il fit faire de très belles routes pour les chasses.

« Dans l'année 1775, ce prince vendit l'hôtel de Conti, rue Saint-Dominique à Paris, provenant de la succession de sa grand-mère, à M. le Prince de Condé moyennant 606,000 livres ; en 1777, il vendit l'hôtel Conti, situé place d'Armes à Versailles au roi moyennant 166,000 livres plus le château de Madrid à M. de Maurepas ; plus le château et le parc d'Yssy. En 1778, il vendit sa belle terre de Plessis-Belleville près de Dammartin moyennant 1.400,000 livres.

« Le roi en 1784 donna à M. le prince de Conti, le château, parc et dépendances des Mousseaux, bâti par Henri IV pour la belle Gabrielle d'Estrées, ainsi que la chasse dans la forêt de Meaux. M. le prince de Conti, prince aussi économe que juste, désirant liquider les dettes très considérables que lui avait laissé M. le prince de Conti son père, sur ses propriétés, vendit le 7 octobre 1783 à Monsieur, frère du roi moyennant la somme de Onze millions tous les domaines ci-après désignés :

« Savoir :

« La baronnie et chatellenie de Lisle-Adam en Beauvoisis.

« La terre et chatellenie de Méru en Beauvoisis.

« Le marquisat de Mouy en Beauvoisis.

« La terre et chatellenie de Try situé en Vexin.

« Les terres de Nogent, Valmondois,

Valangougard, Parmain, Jouy-le-Comte, Fontenelle, Boulonville, Stors, Villers-Adam, Champagne, Nointelle, Prêle, Courcelles, Nerville, Baillet, Moure, Auvers, Butry, Vaux, Montoglans, Ansac, les Bonshommes.

« Le comté de Beaumont-sur-Oise.

« Le comté de Chaumont en Vexin.

« Les terres de Chambly, de Mesnil Sainte-Honorine, d'Augy.

« Les seigneuries de Pontoise, Mantes et Meulan.

« Le comté de Pézenas, en Languedoc, de Bagnoles, de Ports, de Coursant, de Cuaac, Ouveillan.

« La terre de Pierre-Latte en Dauphiné.

« La terre d'Argilly, la prévoté de Nici en Bourgogne.

« La terre et la seigneurie de Gonneville en Normandie.

« Par cette vente, M^r le prince de Conti s'est réservé sa vie durant, l'usufruit et jouissance de la baronnie et chatellenie de Lisleadam, de toutes ses dépendances et de toutes ses chasses. »

L'acquéreur de ces possessions était Monsieur, frère du roi et comte de Provence, qui devint plus tard le roi Louis XVIII.

L'acte fut passé devant M⁰ Gaudoin et son confrère, notaires à Paris. Le comte de Provence ne devait après la mort du prince de Conti, jouir que de l'usufruit, la nue propriété étant réservée à la couronne.

.*.

Un peu plus loin, M. Andrê donne le détail des mémoires payés aux entrepreneurs des grands travaux qu'il a fait exécuter pour le compte du dernier des princes de Conti. Ces détails étant intéressants, nous les copions textuellement :

« *Etat des artistes et entrepreneurs*
« *qui ont été employés aux construc-*

« *tions et réparations du château de*
« *l'Isle-Adam pendant les années 1777*
« *et 1779.*

« Savoir :

M. Moite, sculpteur-figu- riste-célèbre	1.200	»
M. Maigne, sculpteur figu- riste..................	14.343	»
MM. Lemaire et Barbier, sculpteurs-ornement^{es}.	21.344	»
M. Godefroy, peintre en miniature.............	11.571	»
M. Serat, restaurateur de tableaux.............	2.329	»

« *Des entrepreneurs*

MM.

Thalbot, maître maçon à Lisleadam.............	167.430	»
Bénard et Larotis, char- pentiers.............	31.300	»

Canas, couvreur à Pontoise...............	2.984	»
Gontier, menuisier à Paris.................	19.020	»
Dupuis, menuisier à Lisleadam...............	9.528	»
Crucy, serrurier à Lisleadam...............	28.066	»
Mardelle, serrurier à Paris.................	1.970	»
Picard, dit Lafleur, compagnon...............	1.434	»
Damonville, peintre à Paris	37.223	»
Laporte, vitrier à Lisleadam...............	2.543	»
Pinard, vitrier à Paris...	6.269	»
Darnaux, menuisier à Lisleadam...............	224	»
Corbele, marbrier à Paris.................	16.240	»
Fontaine, plombier à Pontoise...............	1.865	»

Mellé, doreur sur métaux à Paris.............. 15.476 »

Douvaily, miroitier à Paris..................... 15.887 »

Le Bastier, miroitier à Paris................. 825 »

La Salle, quincaillier à Paris .... 2.399 »

Melin, paveur à Presles. 349 »

Meler, fumiste à Paris... 1.312 »

Giot, poêlier à Paris..... 1.036 »

Thury, fondeur à Paris.. 818 »

Brasleau, releveur à Paris 1.760 »

Lilarge, scieur de long à Lisleadam............. 1.960 »

Froc, serrurier à Lisleadam .... 318 »

Réveillon, charpentier à Lisleadam .... 8.641 »

Geifroy, plombier à Paris. 316 »

Thibaut, menuisier à Paris..................... 40 »

Marié, paveur à Paris,...	877	»
Vacquelin, terrassier à Paris	2.533	»
Macaul, épinglier à Paris.	35	»
Total des dépenses du château.....	432.800	»

« *Des entrepreneurs et dépenses de* « *la construction des nouvelles écuries* « *de l'Isleadam.*

« Savoir :

MM.

Moite, figuriste à Paris..	4.200	»
Lemoine et Barbier, sculpteurs en ornements ...	11.532	»
Talbot, maitre maçon et M. Girault, maitre maçon à Paris, Mémoire fourni..................	422.000	»
Apprécié sans règlement à la somme de.......	390.000	»

Bénard et Larotis, charpentiers à Lisleadam..	63.356	»
Canas, couvreur à Pontoise.................	21.894	»
Réveillon, charpentier à Lisleadam	4.652	»
Fontaine, plombier fontainier à Pontoise.....	22.680	»
Bairichon, charpentier à Compiègne...........	1.197	»
Mardelle, serrurier à Paris.................	11.076	»
Crucy, serrurier à Lisleadam	21.665	»
Brasleau, releveur à Paris.................	640	»
Gontier, menuisier à Paris.................	753	»
Dupuis, menuisier à Lisleadam	5.069	»
Thibaut, menuisier à Paris	9.180	»
Dorneaux, menuisier à Lisleadam	5.069	»

Courtois, menuisier à Com-
    piègne................ 8.300 »
Damonville, peintre à Pa-
    ris................... 1.438 »
Laporte, vitrier à Lisle-
    adam .... 6.245 »
Pinard, vitrier à Paris... 322 »
Lasalle, quincaillier à Pa-
    ris.................. 12.266 »
Vacquelin, terrassier à Pa-
    ris.................. 9.745 »
Mélin, paveur à Presles.. 11.540 »
Pacot, carrier de grès à
    Lisleadam .... 6.607 »
Corbel, marbrier à Paris. 721 »
Plusieurs journaliers.... 450 »
Lazard, scieur de long à
    Lisleadam .... 452 »
Plusieurs voituriers jour-
    naliers............... 6.572 »

            Total.... 638.642 L.

« *Des entrepreurs de la forêt pour*
« *13,164 toises de pourtour, clôtures,*
« *sauts de loups, barrières, rendez-*
« *vous de chasse et grilles.*

« Savoir :

MM.

Cobert, père et fils maître maçon à Paris....	95.165	10
Lafosse, maître maçon à Lisleadam.............	22.821	»
Laroture, maître maçon à Lisleadam.............	12.738	06
Thifaine, maître maçon à Presle................	9.600	»
Fontaine, plombier à Pontoise...................	204	»
Pour voitures et journées d'ouvriers............	2.100	»
Laporte, vitrier à Lisleadam..................	1.752	06
Dupuis, menuisier à Lisleadam.................	552	10

Mardele, menuisier à Paris.......................... 109 10

Réveillon, charpentier à Lisleadam.................. 4.382 15

Macaul, épinglier à Paris 466 »

Mélin, paveur à Presles . 508 13

Bénard, charpentier à Lisleadam 1.301 04

Lijoint, peintre.......... 135 10

Crucy, serrurier à Lisleadam 11.738 09

Grandjou, menuisier à la Queue.................. 8.965 »

Courtois, menuisier à Compiègne............ 9.750 »

Crapet, charpentier à Beaumont .... 9.384 »

Talbot, maître maçon à Lisleadam.............. 20.397 »

Bizire, maître maçon à Lisleadam .... 2.400 »

Paris, maître maçon à Presles.............. 5.833 »

Broussin, charpentier à Presles.................... 757 »

Maillet, chaufournier à Lileadam................... 171 05

Thifaine, maître maçon à Presles.................. 28.321 13

Canas, couvreur à Pontoise.................... 278 11

Darneaux, menuisier à Lileadam.............. 1.930 »

Desjardins, les deux frères terrassiers à Presles... 26.608 04

Berneron, maçon........ 29.958 17

Vacquelin, terrassier à Paris.................... 52.176 13

Total...... 310.112 »

Total général...... 1.381.459 »

Nous allons à présent citer une autre partie intéressante du manuscrit de M. André, ayant rapport aux matériaux de construction employés dans les grands travaux faits sous sa direction, et surtout pour les écuries monumentales. On pourra se rendre compte de l'industrie d'alors dans la contrée, comme on a pu connaître les noms des entrepreneurs du pays et des environs par les listes des mémoires de travaux.

« Arrêté de M. le prince de Conti.

« J'approuve les plans et élévation du projet de Monsieur André, mon architecte, pour être construites en face de mon château de l'Isle-Adam de l'autre côté de la rivière, entre les trois routes (Il est ici question des écuries).

« Fait à Paris le 2 Janvier 1777.

L. F. J. de Bourbon.

« D'après cet arrêté, il fallait commencer les travaux au mois d'Avril de la même année, préparer le terrain pour la fouille des fondations, les ragalages et les nivellements, et se pourvoir de matériaux pour la construction de ces écuries.

« Des matériaux de toute nature.

« De la pierre dure, et tendre, du moëllon, de la brique, de la chaux, du sable, du ciment, des bois de charpente, de la tuile, de l'ardoise.

« On ne connaissait alors en pierre dure que le petit banc de Nogent, et du gros grain de la carrière de pierre du Vivray, mais de mauvaise qualité ; la carrière de l'abbaye Duval, pierre fine de belle qualité entre le dur et le tendre, mais fraîche tirée sujette à gelée ; la carrière de pierre dure de Ganetin. la pierre tendre de Saint-Leu.

« Considérant que les carrières ci dessus n'étaient pas suffisantes pour les traveaux si considérables, je fis percer plusieurs carrières dans la basse forêt. Au pavillon de Paris, au Larry, je trouvai un banc de deux pieds a deux pieds édemie de hauteur d'appareille de bonne pierre dure de bonne qualité a grain fin.

« Je fis ouvrir une bouche de carrière de pierre tendre dans la montagne de Parmain. On forma six rues, dont celle du milieu a cinquante toises de profondeur et quinze pieds de large. Pendant le cours des traveaux, on a tiré de cette carrière huit mille trois cent soixante dix blocs, ou cent cinquante neuf mille pieds cube de pierre de très bonne qualité, fine, blanche, préférable au St Leu, a cause de ses veines rouges et jaunes.

« La brique se tire des tuileries de Chambly, mais n'ayant pu fournir la quantité suffisante, j'en ai tiré cent milliers de Compiègne.

« Pour la chaux vive, il fallait aller très loin pour en avoir. Celle de Senlis est de bonne qualité, mais trop éloignée, celle de Marly de médiocre qualité et trop éloignée ; celle de Méru de mauvaise qualité et éloignée de trois lieues. Pour m'en procurer, je fis faire des fouilles dans les bois de la Rivalaise, près les coutumes de Mousul, ou ayant trouvé des pierres calcaires de bonne qualité je fis en conséquence établir des fours à chaux de très bonne qualité qui subsistent encore aujourd'hui.

« Le platre est commun dans le pays ; on le tire des carrières de Mousul, des bons hommes, de la forêt de Carnel.

« Pour la charpente, on trouve des bois ordinaires dans le pays, mais il n'en est pas de même des bois de qualité. M^r le prince de Conti avec la permission du Roi, fit prendre dans la forêt de Compiègne, soixante poutres de trente a trente six pieds, de seize a dix huit pouces de carrissage.

« L'ardoise se tire des carrières de Charleville, de belle qualité, mais cassante.

« Les fondations des écuries neuves de L'Isle-Adam ont été commencées en Mai 1777 et leur construction a été terminée en Juin 1780. »

Nous allons à présent extraire du même manuscrit la description des écuries dont il vient d'être question.

« Dimensions et superficie des écuries neuves.

« Du grand balcon du chateau jusqu'a la grande grille des écuries, sur la route de Beaumont, cent treize toises de distance, comprise la rivière et l'esplanade. Ladite grille a cinquant toises de large, de la route de Paris à celle de la faisanderie et de la même grille à celle des cours à fumier, cent douze toises, prise dans le milieu, et la longueur des cours à fumier, d'une route à l'autre, cent vingt trois toises de long.

« La superficie totale est de douze arpens, dont six pour la grande cour d'entrée, le surplus pour les batimens et trois cours.

« Dimensions des pavillions et des parties circulaires des deux gros pavillions de face ; chacun dix toises trois pieds sur cinq toises six pouces de retour, orné de trois arcades chacune de neuf pieds cinq pouces de large, sur dix neuf pieds cinq pouces de haut, compris entre sol. Du dessous de la clef, sur l'appui des croisées du premier étage quatre pieds neuf pouces de hauteur, des baies des croisées du premier étage, quatre pieds six pouces, sur cinq pieds de large, et vingt pouces jusques sur l'estragale, et de hauteur de l'entablement, trois pieds deux pouces et dix huit pouces de hauteur de socle; la hauteur du dessus du pavé sur l'entablement de trente trois pieds six pouces.

« Dimensions des parties circulaires entre les gros pavillions, soixante neuf toises ; retour desdits pavillions de cinq toises six pouces, chaque partie circulaire de vingt quatre toises de longueur de rayon, du ceintre au pavillion d'entrée des écuries lesquelles ont six toises de face et six toises quatre pouces de retour ;

sur la face d'entrée, chaque partie circulaire est composee de treize arcades, chacune de neuf pieds cinq pouces sur dix neuf pieds de haut, les trumeaux de six pieds de large.

« Dimensions des écuries à l'extérieur. L'avenue entre les écuries est de 14 toises de large, chaque écurie du coté des cours a fumier a cinquante toises quatre pieds de long hors œuvre.

« Dimensions de chaqne écurie dans œuvre. Le premier porche a l'entrée a dix pieds dans œuvre ; celui de la partie basse a sept pieds pris au milieu, et l'écurie entre les deux porches a quarante cinq toises de long ; de largeur entre les deux murs de face, trente quatre pieds deux pouces ; entre les colonnes, vingt huit pieds de large sur vingt huit pieds six pouces de hauteur, pris du dessus du pavé, sous la grande voute. Chaque écurie est divisée par dix huit colonnes de chaque coté, comprise celle d'angle et dix

sept arcades plein ceintre, formant lu-
nette dans la grande voute.

« Chaque travée d'une colonne a l'autre est de quatorze pieds trois pouces de
large, chaque colonne a dix huit pieds
de haut, compris socle base et chapiteau ;
deux pieds quatre pouces de diamètre,
engagée de moitié dans leur épaisseur ;
quatre pouces de champ de chaque coté.
Les trumeaux au droit des colonnes ont
cinq pieds de parpin, sur trois pieds d'épaisseur, compris colonne et champ, trois
pieds et demi de renforcement du devant
des colonnes, ou au sud des murs de face
intérieure, lesquels ont dix huit pouces
de parpins sur les socles.

« Des deux porches dans lesquels
sont pratiqués des escaliers qui condui-
sent aux tribunes et sous les combles.

« Sous les croisées des parties biaises,
sont des fontaines d'eau vive, très bonne
et très limpide qui vont jour et nuit en
abondance, qui se déchargent dans des

auges en forme de vases pour abreuver les chevaux.

« Chaque écurie, garnie de stalles, poteaux, mangeoire et rateliers a l'anglaise contient cent chevaux.

« Plusieurs autres petites écuries pour l'infirmerie de vingt cinq chevaux, ensemble deux cent vingt cinq chevaux.

« De la distribution particulière du rez de chaussée ; vingt quatre remises, trois gardes meubles, pour les housses, les selles, les bottes, l'arsenal des fusils, une forge, avec logement pour le maréchal et l'éperonnier.

« Des logemens avec cheminées aux entre sol et premier étage, logement pour quatre piqueurs et quatre sous piqueurs, logemens pour l'armurier pour le fourier, pour huit cochers, pour huit postillons et vingt cinq palfreniers. Des greniers à avoine, de foin et de paille pour neuf mois de consommation.

« Cet édifice fut commencé en avril 1777 et fini à la fin de 1780.

« De la construction des écuries.

« Les fondations des murs de face, dans l'eau sans pilotis ni plate-forme, sur un sol de sable de gravier, avec des lébages en pierre dure à la voie de mortier de chaux vive et sable. Les piles au droit des colonnes de six pieds de parpin sur quatre pieds de large, les surplus entre lesdittes piles, de trente pouces de parpin, aussi de pierre dure, depuis le sol des fondations jusqu'à l'emportement, les socles au pourtour de tous les bâtiments sont en pierre dure de trois pieds de haut ; le surplus des faces ; entablemens, frontons est construit en pierre tendre de Parmain ; les simaises sur les entablemens ; frontons sont en pierre dure ; le surplus en pierre tendre, les arcades, les lunettes, les arêtiers, les grandes voutes sont en pierre tendre ; le surplus des voutes est en brique et plâtre.

De la charpente. Les poutres sont refendues en deux de neuf à dix-huit pouces, de trente-quatre pieds de long, les arbalesctriers de vingt-deux pieds de long de huit à seize pouces, la moise double de douze pieds de six à douze pouces, les entraies, poinçons, pannes, faitages, plates-formes, chevrons, le tout couvert d'ardoise, les chenaux, tuyaux, descentes, faitages, noud, arrestiers sont en plomb, ainsi que les tuyaux de conduites des eaux, en plomb, et depuis les écuries jusqu'au réservoir. Au-dessous de Maison-Neuve la jonction des acqueducs est en fer de trois à quatre pouces de diamètre.

« Du pavé. Toutes les chaussées les revers, cours de remise sont pavés en grès.

« De la construction de l'aqueduc, depuis la cour de fumier jusqu'à la rivière, de cent quarante quatre toises de long, de cinq pieds trois pouces de haut sur trois pieds de large, construit en caniveau de pierre dure ; les chaînes, les regards, le surplus en moëllons piqués, avec barbe à canne ; pour les eaux de la superficie d'un terrain fangeux, au milieu des marais et des marres, des sources de fontaines, il était nécessaire pour le rendre salubre de conduire toutes les eaux à la rivière. »

De la construction gigantesque qui vient d'être décrite, il ne reste à peu près plus rien. Les seuls vestiges qui en subsistent encore sont une partie de la muraille qui encadre la fontaine dite des écuries. C'était là qu'était situé l'un des six pavillons, celui formant l'angle Sud-Est.

C'est dans la propriété de M. Desfossés créée autrefois par M. Dambry qu'étaient situées ces nouvelles écuries. Les anciennes étaient situées à Parmain, sur l'autre rive de l'Oise tout près de la mairie actuelle.

Nous allons à présent donner la description du chateau princier par le même auteur.

« Description du domaine de Lisleadam.

« Lisleadam est situé en Beauvoisis a huit lieues de Paris, route de Beaumont sur Oise, à une lieu de cette ville, trois lieux de Pontoise et huit lieux de Beauvais.

« Le chateau est dans l'isle de ce nom.

« Au bout de l'isle, au nord, la rivière d'Oise se divise en trois bras, formant deux isles, celle du chateau, ou du prieuré, l'autre dite de Cohue. Le chateau est borné au couchant par une chaine de montagne ; le village de Parmain, le grand parc de quatre vingts arpens ; les potagers de seize arpens, le petit chateau.

« Au Nord, la vue se prolonge sur le canal de la rivière, isle et paroisse de Champagne.

« Au levant, on voit la basse forêt,

Nogent, les Maisons Neuves, les trois routes formant patte d'oie, entre lesquelles sont construites les nouvelles écuries, formant perspective et miroir, en face le chateau, à droite l'église et le bourg de Lisleadam.

« Au Midi, la vue n'est pas moins interressante par l'isle du prieuré, bien percée et boisée, les prairies qui se prolongent jusqu'au chateau de Stors ; le canal de la rivière navigable circulent de Beaumont à Pontoise, dont les rives sont riantes, agréables et pittoresques.

« Dimension du chateau.

« Le chateau a vingt huit toises de longueur de face, sur sept toises édémie de profondeur au droit des pavillions ; le péristile, neuf pieds d'arrière-corps et deux pieds sept pouces du côté de la rivière, le corps de logis en renfoncement de trente-deux pieds six pouces de profondeur.

« Dimensions des terrasses et cours.

« La terrasse du bord de l'eau dans la longueur du chateau sur vingt-huit pieds de large.

« La cour d'honneur, a quarante quatre toises de long, prise de l'avant bec de l'isle, jusqu'au pont entre les deux cours, sur quatorze toises de large et le pont entre les fossés trois toises.

« L'avant cour a depuis le pont des fossés jusqu'à la grande grille, vingt huit toises de long sur trente de large, d'un parapet à l'autre.

« La grande grille a vingt toises édemie de face ; les deux pavillons vingt quatre pieds de face chacun ; la cour publique entre les deux grilles à trente deux toises sur trente cinq toises, la longueur total de l'isle est de deux cent soixante quatorze toises. L'isle de la Cohue a soixante dix toises de long sur quarante-deux toises de large.

« Du grand pont au petit Cabouillet,

la rue est garnie de chaque côté de deux hostels et plusieurs maisons particulières ; le tout a été démoli en 1784, excepté la maison du maitre du pont. »

D'après les plans figurés dans l'ouvrage de M. André, le château des princes de Conti avait 56 mètres de façade.

La façade du bord de l'Oise du côté de l'Isle-Adam avait 27 mètres de hauteur, du pied de la terrasse au faîtage de l'édifice, et celle de la cour, du côté de Parmain, 21 mètres seulement.

La façade du bord de l'eau qui comprenait les sous-sols, le rez-de-chaussée et trois étages avait 75 fenêtres ou portes, c'est-à-dire quinze à chaque étage. Celle de la cour, qui avait les sous-sols en moins n'en comptait que soixante.

En plus des trois ponts de l'Oise, joignant ensemble les deux îles, on pouvait y accéder par un pont levis situé en face le château sur le bras du moulin, dont les deux culées existaient encore à la fin de l'année 1904. Celle du côté de Parmain n'a été détruite qu'à cette époque, à cause des travaux de canalisation. Celle du côté de l'île existe encore, quoique un peu déformée par les réparations qu'on lui a faites.

Pour entrer au château par les cours, il fallait passer sur un pont de 12 pieds de longueur, jeté sur le fossé qui les séparait. Ce pont fut jusqu'à 1777 un pont tournant. On en fit un pont fixe en pierre d'une seule arche, au moment de la grande réparation du château; aucune trace ne subsiste ni du pont ni du fossé.

Du château lui-même, il ne reste que bien peu de vestiges. La grande terrasse du bord de l'eau qui était de plein pied avec les sous-sols a existé jusqu'en 1903 et il n'en reste qu'une bien petite bordure, le reste ayant été enlevé pour l'élargissement de la rivière.

Il ne subsiste de l'ancienne construction que les sous-sols, en majeure partie comblés dont les ouvertures ont été murées. Ce reste de construction fait partie de la clôture de la propriété.

Les six ouvertures qui sont plus bas, entre la terrasse et le pont, et sont même mieux conservées ne faisaient pas partie du dernier château. Ce sont, sans doute, des restes de constructions encore plus anciennes.

Le château ne fut, paraît-il, complètement démoli que vers 1815, mais dit-on, en 1793 des habitants l'avaient quelque peu bombardé à coups de canon avec les six pièces d'artillerie que les princes de Conti avaient le privilège d'avoir dans la cour de leur château.

* *

Quand la Révolution éclata, le prince de Conti qui avait une tendance à approuver les idées nouvelles, essaya de faire oublier ses origines et prêta en 1790 le serment de civisme, mais il fut quand même arrêté plus tard et enfermé comme suspect au fort Saint-Jean de Marseille.

Rendu à la liberté par le tribunal révolutionnaire, il ne quitta la France qu'après le 18 fructidor, et sur un ordre exprès du Directoire. Son exil le fit regretter de la presque généralité de ses vassaux ou plutôt de ses anciens vassaux.

Il mourut en 1814, en exil à Barcelone, où il résida une vingtaine d'années, au moment où il allait pouvoir rentrer dans sa patrie et toucher sa part de l'indemnité appelée le milliard des émigrés. Il était âgé de 80 ans et comme il n'avait pas eu d'enfants de son mariage, avec lui finit la famille des Bourbon-Conti.

Pourtant, il avait eu deux fils naturels de sa liaison avec la marquise de Silly qui était une descendante du célèbre peintre Paul Véronèze.

L'aîné portait le titre de marquis de Vauréal, le prince son père lui ayant donné comme apanage la terre et le château de Vauréal, situés sur la rive droite de l'Oise à cinq ou six kilomètres au Sud-Ouest de Pontoise.

Ce domaine et ce titre de marquis de Vauréal paraissent avoir été l'apanage ordinaire des batards favoris des princes de Conti, car déjà auparavant un fils naturel du *père prince* en avait été possesseur.

Le second fils naturel du prince, s'illustra dans les arts sous le pseudonyme de Pierre-Antoine Gatayes.

Il était né en 1767 ; ses parents le destinèrent à l'état ecclésiastique, refuge ordinaire des cadets de famille; ils résistèrent à son goût pour la musique et voulaient qu'il se consacrât tout entier à la théologie. Ne sachant comment étudier, et ne pouvant soustraire un instrument aux regards inquisiteurs de ses professeurs dans la petite chambre qu'il occupait au séminaire, il se procura un manche de guitare qu'il cachait dans son lit entre les matelas, puis seul sans guide, sans maître et sans autre secours qu'une méthode abrégée et succincte, il entreprit résolument ses études, chantant en lui-même les notes muettes que sa main traçait. Son intelligente organisation suppléait ainsi au corps et à la voix, ou plutôt au son de l'instrument qui lui manquait.

Sur ces entrefaites la Révolution éclata, mais quand son père partit pour l'Espagne, il ne put émigrer avec lui, étant retenu au lit par suite d'un accident fort grave qui lui était survenu à une partie de chasse, où son cheval s'étant dérobé, lui avait fracassé la rotule contre un arbre.

Réfugié dans une mansarde de la rue de l'Éperon, il se procura une guitare complète, et pendant que la terreur régnait dans Paris, il se livra sans contrainte à l'étude de son art favori, avec l'insouciance de la jeunessse et l'ardeur de la passion.

Les morceaux qu'il exécutait, ou plutôt qu'il improvisait étaient d'une si belle facture et exécutés d'une façon si ravissante, qu'ils attirèrent l'attention d'un des autres locataires de la maison, qui voulut absolument connaître le musicien. Or cet amateur de musique n'était autre que le fameux Marat.

Par une fatalité inconcevable, le proscrit était venu précisément se loger dans la maison du plus terrible des proscripteurs. Mais le jeune musicien eut le succès d'Orphée, il attendrit le farouche révolutionnaire qui le rassura et le prit sous sa protection.

Il faut croire que l'*ami du peuple* pouvait être susceptible d'*un bon mouvement* quoiqu'on en eût guère compté à son actif.

A partir de ce moment, le jeune musicien prit et conserva toujours le nom de

Gatayes et s'attacha de plus en plus à son art qui lui avait sauvé la vie.

Ce fut alors qu'il composa ses œuvres mélodiques les plus charmantes, parmi lesquelles sa première romance « *Toujours je te serai fidèle* » que la célèbre madame Catalini chantait alors dans tous ses concerts.

Sous l'Empire, Gatayes fut l'artiste favori de la reine Hortense, mère de Napoléon III et l'ami du prince Poniatowsky.

Emmené en Pologne par le prince, il fit, avec le seul aide de son talent, une fortune que les circonstances désastreuses de la fin de l'Empire lui enlevèrent et qu'il fut obligé de recommencer.

Lorsqu'arriva la Restauration, Gatayes eut l'espoir de rentrer en possession d'une partie de la fortune que la Révolution avait enlevée à sa famille. Le prince de Conti, son père, qui était devenu à juste titre fier de son fils qui, par son talent et ses mérites, s'était créé lui même un nom honoré et respecté, lui promettait un brillant avenir, mais malheureusement il mourut à Barcelone six semaines avant la rentrée des Bourbons, à l'âge de 80 ans. Comme son fils n'avait pas quitté la France, il ne fut pas admis à la répartition du milliard des émigrés.

La mort de son frère aîné l'avait fait héritier du nom et du titre de marquis de Vauréal; mais il n'était pas assez riche pour racheter les terres et le château confisqués et vendus au profit de la nation comme bien d'émigrés.

Il ne tenait pas aux grandeurs ni aux titres nobiliaires et ne porta jamais son titre de marquis. Il avait la philosophie de l'artiste qui a la conscience de son talent; peu lui importait un haut rang dans l'aristocratie.

Ce n'était pas le marquis de Vauréal que le monde recherchait en lui, c'était l'homme aimable, le causeur spirituel et l'artiste éminent. Il mourut en 1846, à l'âge de 79 ans.

Jusqu'à ses derniers jours, il fit le charme d'une société choisie : il fut le plus grand ami des plus célèbres hommes de lettres de l'époque.

A sa mort, les critiques littéraires et musicaux firent son éloge qui fut publié dans tous les grands journaux de l'époque.

Il eut deux fils, tous deux musiciens et compositeurs comme leur père, dont l'un eut un opéra représenté en 1846 ou 1847, l'autre alla se fixer aux États-Unis d'Amérique.

*
* *

Avant 1789, la paroisse de l'Isle-Adam ressortissait du bailliage de Pontoise, qui lui-même ressortissait de celui de Senlis.

Au moment de la convocation des Etats Généraux, l'assemblée des électeurs de la paroisse pour la confection des cahiers et la nomination des délégués à envoyer à l'assemblée de Pontoise eut lieu à l'auditoire ou audience de l'Isle-Adam, qui était située sur le pont du bras du moulin, et touchant le moulin vers l'île.

Cette assemblée fut tenue devant Pierre-Charles-Antoine Potel, avocat au Parlement, bailli du bailliage ; elle eut lieu le 24 Février 1789. Les citoyens réunis nommèrent pour les représenter François Delondre et Henry-Philippe Legrand qui acceptèrent de se rendre le 2 Mars suivant devant M. le Président, lieutenant général du bailliage de Pontoise.

Malheureusement le texte des cahiers adopté n'est pas connu et paraît introuvable.

Le bailliage de Senlis comprenait comme bailliages secondaires, outre celui de Pontoise, ceux de Beaumont-sur-Oise, Chambly, Compiègne et Creil.

Il y fut élu quatre députés :

Celui du clergé fut : Massieu (Jean-Baptiste), prêtre du diocèse de Rouen, curé de Cergy près Pontoise.

Celui de la noblesse fut : le duc de Levis (Pierre-Marc-Gaston) seigneur d'Ennery, près Pontoise et autres lieux, grand bailli d'épée du bailliage de Senlis.

Pour le tiers-état :

1° Leblanc (Charles-Christophe), conseiller au bailliage provincial et présidial de Senlis, maire de ladite Ville.

2° Delacour (Nicolas-Pierre-Antoine), laboureur-fermier de la seigneurie à Ableiges, près Pontoise.

Création du canton de L'Isle-Adam

Le canton de l'Isle-Adam fut créé par lettres patentes du roi du 4 Mars 1790, sur les décrets de l'Assemblée nationale des 15 Janvier, 16 et 26 Février de la même année. Il faisait partie du district de Pontoise. Le nom de district fut remplacé par la suite par celui d'arrondissement.

Le canton se composa d'abord des communes de : L'Isle-Adam, Auvers-sur-Oise, Fontenelle, Frouville, Hérouville, Jouy-le-Comte, Labbeville, Mériel, Méri-sur-Oise, Nesles, Valmondois, Villers-Adam.

Parmain, qui est depuis 1894, le chef-lieu de l'ancienne commune de Jouy-le-Comte ne fut longtemps qu'un simple hameau. Cette commune en 1793, prit le nom de Jouy-le-Peuple, qu'elle a gardé une douzaine d'années. Au douzième siècle du temps des comtes de Beaumont, on disait Jouy-la Ville.

La commune de Nesles n'a pris le nom de Nesles-la-Vallée qu'après le milieu du XIX⁰ siècle pour la distinguer d'autres localités portant le même nom.

Ces douze communes faisaient auparavant partie de trois bailliages différents.

L'Isle-Adam, Auvers-sur-Oise, Fontenelle, Frouville, Hérouville, Labbeville, Méry-sur-Oise et Valmondois ressortissaient du bailliage de Pontoise.

Mériel et Villers-Adam de la prévôté et vicomté hors des murs de Paris.

Jouy-le-Comte de celui de Beauvais.

Pourtant, d'après la carte spéciale, dressée par M. Couard, archiviste du département de Seine-et-Oise, aux ouvrages duquel j'emprunte la majeure partie des renseignements qui m'ont servi à faire ce chapitre, Parmain, hameau d'alors de cette paroisse devait ressortir du bailliage de Pontoise et dépendre en quelque sorte de la paroisse de l'Isle-Adam.

A une époque que je ne puis déterminer avec certitude, mais que je crois être 1799, le canton de Beaumont-sur-Oise se composant des 11 communes suivantes : Beaumont, Bernes, Bruyères, Champagne, Hédouville, Le Lay, Mours, Nointel, Persan, Presles et Ronquerolles, fut annexé à celui de l'Isle-Adam, et Auvers à celui de Pontoise.

Toutes ces communes, à l'exception de celle de Mours et du Lay faisaient auparavant partie du bailliage de Beaumont; Le Lay faisait partie de celui de Pontoise, et Mours de celui de la prévôté et vicomté hors des murs de Paris.

La commune du Lay fut alors adjointe à celle d'Hédouville.

Les communes de Livillers et de Mézières furent adjointes au canton de l'Isle-Adam et distraites du canton de Grisy qui fut alors supprimé.

Plus tard, la commune de Vallangougard y fut adjointe aussi après avoir fait partie successivement des cantons de Grisy et de Marines, et on dit même de Méru (Oise).

Un peu avant 1840, Fontenelle qui ne comptait plus que 12 habitants, y compris les femmes, les enfants, les valets de ferme et le berger, fut réunie à la commune de Nesles.

La commune de Mézières qui ne comptait plus que 33 habitants fut vers la même époque réunie à celle de Vallangougard.

La suppression du canton de Beaumont ne se passa pas sans protestations, surtout de la part des habitants de Beaumont, qui, pendant plus de quarante ans, ne cessèrent de réclamer pour que leur Ville devint le chef-lieu du canton.

Vers 1840, l'autorité supérieure, émue de ces réclamations réitérées fit procéder à un referendum dans toutes les communes du canton pour avoir l'avis de la majorité de la population.

A une très grande majorité, les intéressés se prononcèrent en faveur de l'Isle-Adam, comme étant plus central.

Les grandes inondations. — Les plus fortes inondations dont on a gardé le souvenir sont surtout celle de 1784, ou l'eau monta à une telle hauteur que les rues du bas de la ville furent inondées et que pour aller à l'église, il fallait prendre un bateau.

Les deux plus fortes crues du XIXe siècle eurent lieu en 1852 et 1876. Il y eut chaque fois plus de 60 centimètres d'eau sur la place de la fête.

Moulins à Blé. — Il n'y a plus à présent aucun moulin à blé à l'Isle-Adam, mais, il y en avait autrefois quatre ou cinq.

Le plus important était sur le pont du bras du moulin, il existait depuis fort longtemps, car Anne de Montmorency, qui fut seigneur de l'Isle-Adam à partir de 1527, le fit réédifier à neuf.

Il fonctionna jusqu'à la construction de l'écluse en 1830; la machinerie fut enlevée en 1835, mais la construction ne fut démolie qu'en 1845.

J'ai vu faire cette démolition.

Moulin des Vannaux. — Les Vannaux sont un écart situé à plus de trois
kilomètres au Nord-Est de la ville, qui
se composait autrefois d'une ferme et
d'un moulin.

Il y a une cinquantaine d'années, le
moulin fut utilisé par une féculerie, mais
depuis plus de quarante ans cette force
hydraulique est inutilisée.

A présent les Vanneaux sont à peu
près une propriété d'agrément.

Moulin du Vivray. — Cet ancien
moulin est situé au Sud de l'Isle-Adam,
à gauche de la route, en allant vers
Stors. Il n'eut jamais une grande importance, quoique la source à peu près
unique qui l'alimentait fut certainement
très forte, puisqu'à elle seule elle suffisait
à faire mouvoir un moulin.

Depuis longtemps, on n'y moud plus
de grains. En dernier lieu, les locataires
y faisaient écraser du plâtre cru et même

du ciment. C'est aussi à présent une propriété d'agrément.

Moulin de Stors. — A l'extrême limite Sud du territoire, et à cheval sur le ruisseau qui le sépare de Mériel, il y avait autrefois deux autres moulins dont les constructions existent encore.

Les ponts sur l'Oise. — Le seul document connu qui en parle est l'ouvrage de M. André qui dit que Anne de Montmorency qui hérita du domaine en 1527, fit réédifier le moulin banal situé sur le pont.

Carrières à Pierres de Taille

L'industrie de l'extraction des pierres de taille, si florissante à l'Isle-Adam, n'y existe en grand que depuis moins d'un siècle.

Auparavant les carrières n'étaient utilisées que pour les besoins locaux ; c'était même un des privilèges des seigneurs et les particuliers n'avaient pas le droit de tirer des pierres de taille dans les champs qui leur appartenaient.

Pendant près de quarante ans, au commencement du XIX\ e siècle, M. Topinard, qui habitait l'Isle-Adam, dont il était maire en 1830, fut un des plus forts maîtres-carriers de France.

Comme il n'y avait pas encore de chemin de fer, les expéditions au loin se faisaient par bateaux et même par voitures.

Il existe encore à l'Isle-Adam des descendants du Topinard, dont nous venons de parler, l'un d'eux presque octogénaire jouit d'une très grande réputation scientifique, il fut professeur à l'École d'anthropologie, est officier de la Légion d'honneur et auteur de nombreux ouvrages fort estimés.

L'époque la plus florissante de l'extraction de la pierre de taille fut le second

Empire et les premiers temps de la République actuelle. Indépendamment de ce qui se transportait par bateaux, il s'en expédiait par le chemin de fer jusqu'à deux trains entiers par jour.

Carrières à Sable et à Cailloux

Les terrains d'alluvions quaternaires où on pratique l'extraction de ces matières, comprennent une bonne partie de la partie basse du territoire.

Les cailloux de silex qui en proviennent servent à empierrer les routes et à faire du béton. Le sable composé de gravier siliceux est très bon pour faire du mortier de chaux et de ciment ainsi que pour sabler les allées des jardins. Il s'en exporte chaque année plusieurs centaines de wagons par le chemin de fer.

Avant la première moitié du XIXe siècle,

on ne s'était jamais servi pour faire du mortier de ce sable si estimé à présent, les rares constructeurs qui se servaient du mortier de chaux n'employaient que du sablon de plaine, ou du ciment de tuileaux écrasés. Pour les allées de jardins, on employait du sable dragué dans la rivière.

Anciennes Routes

Jusqu'en 1840, il n'y avait à l'Isle-Adam qu'une seule grande route entretenue et carrossable toute l'année, c'était la route de Paris qui existe encore et va rejoindre la route nationale à La Cave. Tous les autres chemins n'étaient que des chemins de traverse.

Celui de Beaumont, passait par la petite plaine et le bord de l'Oise; on le nomme encore le vieux chemin de Beaumont; la route qui traverse la forêt ne fut construite qu'en 1846.

Les deux routes de Pontoise, l'une par Méry et l'autre par Auvers ne furent construites que vers la même époque, ainsi que le réseau des chemins vicinaux qui fut terminé en dix à douze ans.

Le chemin de halage ne fut empierré qu'après 1848, auparavant ce n'était qu'une longue fondrière.

Aides de Pont ou Compagnons d'Arche

Avant les grandes améliorations faites aux ponts de l'Isle-Adam, leur traversée était une des plus dangereuses de la rivière pour la batellerie fluviale.

Il y avait, non seulement là, mais à chaque pont de l'Oise, des pilotes locaux que l'on nommait aides de pont ou compagnons d'arche qui, moyennant rétribution, prenaient la direction des bateaux à ces endroits dangereux. A l'Isle-Adam, ils étaient au nombre de sept, y compris un chef de pont.

L'origine de cette véritable corporation doit remonter fort loin, car elle existait déjà avant la canalisation de l'Oise et même du temps des princes de Conti, car M. André parle dans son ouvrage de la maison du maître du pont.

Après 1866, quand le pont du milieu fut élargi pour la première fois, le passage devint moins dangereux et leur utilité se fit moins sentir; il ne devint plus obligatoire de les prendre, ce qui fit qu'au fur et à mesure qu'ils moururent, ils ne furent pas remplacés, mais les survivants exercèrent encore pendant plus de 25 ans.

N'était pas aide de pont qui voulait; cet emploi était en quelque sorte un privilège qui d'après les usages s'héritait de famille, mais malgré cela, il fallait pourtant connaître à fond les manœuvres de pilotage et les remous et les courants des passages des ponts.

Au moment de l'ancienne garde nationa'e, c'est-à-dire de 1830 à 1850, ils formaient un peloton d'élite avec un uniforme de marins.

L'Agriculture à l'Isle-Adam

L'Isle-Adam n'a jamais été un pays de grande culture, car la majeure partie du territoire est couverte par la forêt et des bois particuliers.

Pour des causes diverses, depuis une soixantaine d'années, l'importance des terres cultivées diminue chaque année.

Près de 40 hectares des meilleurs terrains ont été convertis en pâturages ; les carrières à pierre et à sable, ainsi que la dérivation de l'Oise pour la nouvelle écluse, en ont absorbé une quantité au moins égale.

Les nombreuses propriétés nouvellement construites, les jardins, les nouvelles rues et boulevards ont fort diminué aussi les terrains cultivables ; cette année encore, un jeu de foot-ball en a absorbé plus de trois hectares ; certains gros propriétaires en ont acheté autant qu'ils trouvaient à acquérir pour agrandir leurs propriétés d'agrément.

Sur les trois cents hectares cultivés autrefois, c'est à peine s'il en reste le tiers.

Il y a moins de cinquante ans, il y avait dans la commune quinze à vingt cultivateurs ; c'est à peine s'il y en a encore quatre ou cinq.

Il n'y a pas sur le territoire beaucoup de très bonnes terres, mais il n'y en a pas non plus beaucoup d'absolument mauvaises.

L'Isle-Adam ancien Vignoble

Il n'y a plus guère de champs de vigne sur le territoire de l'Isle-Adam, mais autrefois, surtout avant 1789, cette culture y avait une certaine importance.

L'endroit où les vignes réussissaient le mieux se nomme encore la Croix-des-Vignes. C'était là où cette culture donnait les meilleurs résultats, à cause du sol qui y attire peu la gelée.

Industries disparues

Fabrique de vis. — La plus ancienne des rares industries qui existèrent jadis à l'Isle-Adam, était une fabrique de vis.

Cette fabrique était une manufacture, dans le vrai sens du mot, car il n'y avait aucune force motrice, et les vis y étaient taraudées manuellement, c'est-à-dire à la main.

Le propriétaire y occupait jusqu'à cinquante ouvriers, ce qui était beaucoup pour l'époque ; on appelait dans le pays cette manufacture la fabrique noire, parce que ceux qui y étaient occupés avaient toujours les mains, la figure et les habits noirs et graisseux, comme tous les ouvriers qui travaillent le fer à grand renfort d'huile, et aussi par opposition avec ceux d'une manufacture de vaisselle de porcelaine qui existait à Parmain et que l'on appelait la fabrique blanche.

La fabrique noire était située entre l'avenue des Ecuries et la Grande-Rue, à environ 50 mètres de l'Oise. L'entrée principale était dans l'avenue ; il y avait aussi un étroit passage sur la Grande-Rue.

Peu après 1840, l'application de la vapeur et de nouvelles machines à tarauder mécaniquement, rendant impossible la continuation de cette industrie avec l'ancien matériel, le propriétaire arrêta la fabrication et se retira des affaires.

Cette fabrique ne devait pas avoir une très grande ancienneté.

Manufacture de Porcelaine de l'Isle-Adam

Indépendamment de la fabrique de porcelaine de Parmain, située rue Guichard, il y eut plus tard à l'Isle-Adam un autre établissement de même nature, mais on ne fabriquait que des objets plus ou moins artistiques, des bibelots et des statuettes. Cette manufacture fut fondée rue Saint-Lazare, un peu après 1850, par M. Ferdinand Létu, originaire du pays.

Cette fabrique ne tarda pas à prendre

une très grande importance, elle eut même des succès dans toutes les grandes expositions d'alors.

Le fondateur avait pris comme associé M. Mauger. Tous deux devinrent conseillers municipaux et M. Mauger devint même adjoint au maire.

Après eux l'établissement déclina, et après quelques années la fabrication cessa.

Industries actuelles

Fabrique de grès. — Dans les bâtiments de la fabrique dont nous venons de parler, il y actuellement une fabrique de grès cérames artistiques et usuels qui occupe une trentaine d'ouvriers.

Manufacture de terres cuites. — Les propriétaires de la manufacture de porcelaines de la rue Saint-Lazare avaient, dans les derniers temps où elle fonctionnait, adjoint à leur industrie celle de la fabrication des figurines et bibelots en terre cuite.

Plus tard, une nouvelle fabrique de ce genre d'objets d'art fut fondée par M. Alphonse Hanne. Cette manufacture, qui occupe actuellement une trentaine d'ouvriers, est située rue de Pontoise.

Fabrique de brosses. — L'industrie actuelle la plus considérable de l'Isle-Adam est la fabrication des brosses pour peintres en bâtiment, dont une manufacture, située rue de Beaumont, près le cimetière, occupe plus de cent ouvriers, parmi lesquels un certain nombre de femmes.

Cette industrie, qui paraît très florissante, fut fondée après 1870.

Usine à Gaz et à Eau

L'usine à gaz et à eau de l'Isle-Adam ne commença à fonctionner qu'en 1882, elle avait été fondée par M. Contour.

L'éclairage des rues de l'Isle-Adam ne remonte qu'à 1859, où on commença à placer dans les principales rues quelques réverbères éclairés à l'huile.

Adduction d'eaux de source.— Avant la fondation de l'usine à eau et à gaz, la ville était déjà assez bien pourvue d'eaux de sources captées à diverses époques dans le sol du coteau qui domine la ville du côté de l'est.

La plus ancienne de ces captations remonte à une époque très reculée, qu'il est à peu près impossible de déterminer.

Avant 1789, le château de l'Isle-Adam était alimenté par ces eaux, au moyen d'un tuyau en plomb qui traversait la rivière et a été retrouvé en partie au moment des grands dragages de l'Oise en 1903.

M. André dans son ouvrage, parle bien un peu de ces conduites d'eau qui alimentaient aussi les écuries, mais il est à peu près certain qu'elles dataient d'une époque plus ancienne.

Cette captation d'eau existe toujours; elle appartient à la Ville, mais quelques particuliers y ont certains droits ; elle est située avenue de Paris, au bas de la descente, où un pavillon connu sous le nom de « *Le Regard* » abrite l'endroit où sont centralisées ces sources qui sont très importantes et alimentent l'hospice et diverses fontaines de la Ville, ainsi que les pièces d'eau de M. Desfossés.

Autrefois ces eaux alimentaient aussi deux grands lavoirs publics, dont un situé rue de Pontoise existe encore, et un autre très important qui était situé en face le presbytère où est situé à présent le jardin de la mairie.

Ce lavoir fut supprimé vers 1865, quand il fut question de la construction de la mairie.

Une autre captation d'eau fut faite vers 1868, par un maçon du pays nommé Theuré qui obtint de la commune un privilège de trente ans, pour rechercher et tirer profit des sources qu'il pourrait recueillir et capter dans la côte des Bons-hommes.

Ces eaux alimentent l'avenue des Bonshommes, elles appartiennent à présent à la Ville à qui elles ont fait retour il y a quelques années.

La Musique de l'Isle-Adam

La musique de l'Isle-Adam, peut compter au nombre des Sociétés musicales les plus anciennes de la région, car elle a été fondée en 1832.

Elle fut d'abord la musique du bataillon de la garde nationale ; c'était une musique d'harmonie dont les membres se servaient d'instruments qui paraîtraient à présent fort hétéroclites.

Les parties de chant étaient alors remplies par des flûtes, des clarinettes et des bugles ou clairons à clef. Peu après on y ajouta des cornets à deux pistons, instruments perfectionnés pour l'époque, mais qui pourtant ne pouvaient donner toutes les notes de la gamme. Il y avait aussi des cors d'harmonie sans pistons, des trombonnes à coulisse, et comme basses des ophicléides et des serpents.

Les instruments de musique nommés serpents étaient des instruments d'église en forme de serpents ; ceux employés dans la musique de l'Isle-Adam étaient en cuivre, mais en 1848 j'en ai encore vu en carton dans la musique du bataillon de Nesles-la-Vallée. C'étaient des instruments à trou, sans clefs ni pistons, à peu près dans le ton des basses actuelles ; les modulations étaient obtenues au moyen des doigts bouchant et débouchant les trous.

Comme batterie, il y avait en plus des instruments actuels, un chapeau chinois, instrument assez bruyant en cuivre emmanché à une hampe de bois garni de clochettes et de grelots.

La musique fut en quelque sorte dissoute au moment du licenciement de la garde nationale en 1852, mais elle ne tarda pas à se réorganiser.

En 1860 la musique d'harmonie se réorganisa en fanfare et y resta toujours depuis.

La garde nationale à l'Isle-Adam

N'étant guère documenté sur le rôle qu'à pu jouer à l'Isle-Adam, la garde nationale instituée en 1790, je n'en dirai que peu de chose.

Les gardes nationaux de l'Isle-Adam, étaient armés de piques d'un modèle uniforme, dont quelques spécimens ont été conservés jusqu'a ce jour. J'en possède une dans ma collection ; M. Renet Tener, adjoint et ancien maire de l'Isle-Adam, en possède une aussi.

Ces armes, très robustes, sont à douille, elles ont des lames triangulaires, comme les anciennes bayonnettes des fusils de munition.

Après 1830, des bataillons de gardes nationaux furent organisés à peu près partout en France, surtout dans les environs de Paris. Le bataillon de l'Isle-Adam entr'autres fut organisé en 1831.

Le premier uniforme adopté par cette milice fut une blouse bleue à parements rouges et un schako très haut et très évasé du haut, fourni par le garde national ; cet uniforme n'était pas obligatoire, aussi les

ouvriers et les gens peu fortunés se ser-
vaient-il de leurs habits ordinaires.

L'état fournissait un sabre, un fusil à
pierre avec sa bayonnette et deux bau-
driers, dont un pour la giberne et l'autre
pour les fourreaux de sabre et de bayonnette.

L'ensemble de ces hommes armés,
habillés de costumes disparates étaient
loin d'être imposant, il présentait un
aspect plutôt comique que martial, mais
en ce temps là la mode était à ces para-
des militaires, on ne trouvait ces choses
nullement ridicules et chaque garde national prenait son rôle au sérieux.

Il y avait à l'Isle-Adam deux compagnies de gardes nationaux et une de pompiers et trois bataillons dans le canton ;
ceux de l'Isle-Adam, de Beaumont-sur-
Oise et de Nesle-la-Vallée.

Celui de l'Isle-Adam se composait des
deux compagnies de l'Isle-Adam et de
celles des communes de Champagne,

Jouy-le-Comte, Mériel, Méri, Valmondois et Villers-Adam.

En 1838, le chef du bataillon de l'Isle-Adam était M. Duc, qui habitait Parmain, celui de Beaumont M. Lussignol et celui de Nesles M. Gillet. *(Annuaire de Seine-et Oise pour 1838).*

D'après le même recueil, le commandant communal était M. Fort, le maire M. Dambry, l'adjoint M. Talbot, le curé M. Gautier, l'instituteur M. Delondre, le juge de paix M. Ferry, les suppléants MM. Bresles et Compagnon, le greffier M. Fouillière, le notaire M. Dambry et l'huissier M. Rateau.

Pour être électeur, il fallait alors payer deux cents francs d'impositions, ces privilégiés étaient à l'Isle-Adam, MM. Bertrand, Choron, Dambry, Ducamp, Ferry, Girolle, Perret, Topinard (P. A.) et Topinard (P. N.), soit sept en tout.

Mais revenons à la garde nationale.

Pendant les vingt années que dura

cette institution, aucun des gardes nationaux du canton, n'eut de cartouches pour charger son arme et beaucoup d'entr'eux n'auraient su comment s'y prendre pour procéder au chargement de leur fusil.

Beaucoup avaient au chien de leur arme un petit morceau de bois en guise de pierre à fusil, ce qui la rendait parfaitement inoffensive, quand même elle eut été chargée.

Leurs exercices et leurs manœuvres étaient des plus élémentaires, et réellement l'utilité de cette milice était fort contestable.

De temps à autre, quand il y avait eu des vols ou des incendies dans la région, ils étaient appelés à tour de rôle pour monter la garde et faire des patrouilles de nuit, mais je crois que jamais aucun vrai malfaiteur ne fut arrêté par ces bénévoles gardiens de la sécurité publique.

Leurs nuits de faction au corps de

garde se passaient surtout à dormir sur le lit de camp et à jouer aux cartes.

En 1848, l'uniforme était changé, la blouse bleue à parements avait été remplacée par une tunique de drap, et le schako était moins haut et moins évasé. En été, beaucoup avaient des pantalons blancs.

Pompiers et aides de pont. — Les pompiers de l'Isle-Adam étaient aussi habillés à leurs frais, ils avaient tous sans exception une petite et une grande tenue.

La grande tenue était à peu près la même qne celle de la garde nationale, avec un haut casque à chenille pour coiffure.

La petite tenue se composait d'un pantalon de treillis, d'un bourgeron de toile bleue, d'un bonnet de police et d'une ceinture.

Les aides de pont, y compris leurs chefs avaient des costumes de marins et un petit chapeau ciré bas de forme.

Corps de garde. — En 1848, le poste des gardes nationaux était dans la Grande-Rue vers le numéro 13, il se composait d'une grande pièce au rez-de-chaussée où étaient dressés des lits de camp en planches.

C'était de là que partaient les patrouilles qui sillonnaient la ville chaque nuit, quand on jugeait à propos de faire monter la garde.

Le loyer de ce local était payé par le budget de la ville. Chose bizarre ce chapitre n'a jamais été rayé des budgets communaux et on y voit encore imprimé la formule suivante : « Loyer et entretien du corps de garde. »

Tambours, Fifres et Sapeurs. — Il y y avait aussi dans les compagnies de l'Isle-Adam, cinq tambours, dont un pour les pompiers, un tambour-major, quatre sapeurs et huit fifres.

Les fifres étaient des instruments en bois en forme de petites flûtes sans clefs, ils jouaient en même temps que les tambours.

Cantinière. — Il y avait aussi une cantinière avec son petit baril d'eau-de-vie et un très joli costume. Elle portait sur son corsage deux médailles de sauvetage en argent qu'elle avait bravement gagnées en sauvant deux enfants sur le point de se noyer.

Revues. — Il y avait chaque année sur la place du pâtis de l'Isle-Adam, une ou deux revues de tout le bataillon ; ces jours-là étaient de véritables fêtes. Il y eut même une fois une revue générale des trois bataillons du canton.

La Révolution de 1848

Au moment de la Révolution de Février 1848, qui renversa le trône du roi Louis-Philippe, la garde nationale de l'Isle-Adam joua un rôle quelque peu actif que nous avons naguère décrit très longuement dans un journal local, *Le Petit Pontoisien*, et que nous allons raconter brièvement.

Le 26 février, lendemain du troisième et dernier jour de la Révolution, on entendit dire que des bandes de révolutionnaires avaient mis le feu à la gare du chemin de fer de Saint-Denis et allaient ensuite remonter la ligne, construite depuis deux ans à peine, pour brûler toutes les autres stations et détruire tout sur leur passage.

Le soir on apercevait la lueur de l'incendie et le lendemain ce fut le tour de la station de Pontoise, qui était alors à trois kilomètres de là, à la gare actuelle d'Epluches.

Destruction de la Gare de l'Isle-Adam

On croyait que les incendiaires étaient plus de deux mille homme armés, aussi n'y eut-il qu'une bien faible velléité de résistance quand ils se présentèrent le lendemain matin à la gare de l'Isle-Adam, c'est-à-dire à Parmain, et, sauf mon père et M. le docteur Dupuy, soutenus de quelques habitants de Parmain, qui essayèrent d'empêcher les déprédateurs, on les laissa faire sans rien dire.

Ils mirent le feu à la gare, brûlèrent la grue, après avoir vainement essayé de la renverser, détruisirent la voie, coupèrent les poteaux du télégraphe ; en un mot, firent le plus de dégâts qu'ils purent.

On remarqua et on fut très surpris que les incendiaires étaient pour la plupart des habitants des environs et n'avaient pas d'armes.

Les plus acharnés étaient des bateliers

et des charretiers de bateaux qui considéraient le chemin de fer nouvellement établi comme une concurrence leur faisant le plus grand tort.

Arrestation des émeutiers. — Les émeutiers n'allèrent guère plus loin, car ils furent fort mal reçus à la gare de Persan-Beaumont, où les ouvriers des fabriques les reçurent à coups de bâton et où la garde nationale de Persan, qui avait été rassemblée, les empêcha d'aller plus loin.

Les gardes nationaux de Parmain et de l'Isle-Adam, s'étant décidés à intervenir, prirent les incendiaires par derrière, et beaucoup furent arrêtés et enfermés à la prison de l'Isle-Adam qui était alors située au rez-de-chaussée de la justice de paix actuelle.

Dans la même construction étaient aussi installées, la mairie, l'école communale des garçons, les logements de l'instituteur et du gardien de la prison. Ce ne

fut que plus tard que le mot violon dési-
gna ce local.

Un commissaire avec plein pouvoir du
gouvernement provisoire qui passait en
voiture pour aller en mission dans le
nord de la France donna en passant les
ordres suivants :

« *Fusillez-moi tous ces gaillards-là* ».

Heureusement pour les prisonniers, on
n'exécuta pas cet ordre donné un peu in-
considérément, et le lendemain les gardes
nationaux les conduisirent à la prison de
Pontoise, après que les employés du
chemin de fer eurent réparé tant bien
que mal une des deux voies de la ligne.

Grande catastrophe. — Tout alla bien
à l'aller, mais au retour une catastrophe
épouvantable se produisit.

A peu près tous les poteaux du télégraphe ayant été coupés, celui-ci ne
fonctionnait plus, et une seule voie avait
été réparée.

Entre Auvers-sur-Oise et Butry, en face

l'ancienne carrière des longaines, dans une courbe masquée par des arbres, où les conducteurs des trains ne pouvaient s'apercevoir de bien loin, le train qui ramenait les gardes nationaux, des employés de la ligne et des prisonniers qui avaient été relâchés après une enquête sommaire rencontra une locomotive, venant de Creil et une collision se produisit.

Le mécanicien d'une des machines fut tué sur le coup, et retrouvé sous une des locomotives. Il y eut trente ou quarante blessés, dont plusieurs fort grièvement qui moururent de leurs blessures.

Une grande partie de ces blessures furent causées par les bayonnettes des gardes nationaux.

Un d'entr'eux nommée Rodrigue eut la poitrine traversée de part en part, et la pointe lui sortait derrière le dos. Il fut considéré comme perdu et au lieu d'être transporté à l'ambulance fut ramené chez lui où il guérit comme par miracle et ne mourut que cinquante ans plus tard.

Il avait obtenu de la Compagnie du Nord une pension viagère, ainsi que les autres blessés grièvement. Les blessés légèrement qui le demandèrent obtinrent des places d'employés de la ligne.

M. Viger, Maire provisoire

A la révolution de 1848, le maire de l'Isle-Adam était depuis longtemps M. Dambry, ancien notaire de la ville, qui devint plus tard député et dont nous parlerons dans un chapitre spécial. Le gouvernement provisoire le révoqua, et nomma à sa place M. Viger qui avait une propriété assez importante au bas de la montée de l'avenue de Paris, à laquelle est encore adossée la construction communale nommée : « *Le Regard.* ».

Cela ne dura guère et M. Dambry ne tarda pas à reprendre ses fonctions.

Plantation des Arbres de Liberté

Dans les premiers jours de Mars sur un ordre venu du gouvernement provisoire, on planta à l'Isle-Adam, comme partout des arbres de liberté.

Cette plantation fut faite en grande cérémonie à laquelle assista la garde nationale. Les arbres de liberté furent bénis par le curé, accompagné de son clergé.

Ces arbres étaient des peupliers à branches droites; ils furent arrachés par ordre du gouvernement à l'avènement de l'empire.

Clubs et Élections

Avant les élections de la Constituante, il y eut à l'Isle-Adam quelques réunions électorales que l'on appelait des « *Clubs* » qui eurent lieu dans la salle de bal de l'hôtel Saint-Nicolas, qui était trop petite pour la circonstance, car il y vint des électeurs de toutes les communes du canton.

Le docteur Dupuy, de Parmain, dont nous avons déjà parlé était l'orateur le plus écouté. A la dernière réunion, sa candidature à la députation fut proposée et acclamée avec enthousiasme.

Les députés furent nommés par le suffrage universel, dont ce fut une des premières manifestations. Elles eurent lieu aux chefs-lieux des cantons, et les électeurs des différentes communes durent s'y rendre pour remplir leurs devoirs électoraux. C'était très curieux de voir arriver à pied tous ces hommes groupés par communes ayant quelquefois en tête leur maire ceint de son écharpe et le curé en soutane.

A l'Isle-Adam, les élections se firent dans la salle de bal qui existe encore rue Saint-Lazare en face l'avenue des Bons-hommes, au fond de la cour du jardin de la mairie.

Ce ne fut pas une petite affaire pour ceux qui furent chargés de recevoir tous ces bulletins de vote, car il vint ce jour-là près de 2.500 électeurs se présenter aux urnes; le vote eut lieu par commune et par appel nominal.

Ce fut la seule fois que les choses se passèrent ainsi et les élections suivantes eurent lieu aux mairies de chaque commune.

Ce fait de faire voter les électeurs au chef-lieu de canton était déjà un progrès, car les élections précédentes des députés avaient lieu au chef-lieu d'arrondissement. Il est vrai que c'était sous le ré-gime du suffrage restreint et qu'il fallait payer deux cents francs d'impôts pour figurer sur la liste électorale.

Le dépouillement des bulletins de vote se fit dans des conditions qui pourraient paraître à présent assez singulières, car les bulletins étaient jetés dans une grande urne ouverte. Le dépouillement se fit par les scrutateurs à peu près au fur et à mesure, de sorte que quand arriva la fin du vote, le travail était presque ter-miné.

Ces élections eurent lieu au scrutin de liste par département : le docteur Dupuy obtint à peu près l'unanimité des voix du canton où il était fort estimé, mais comme sa candidature était ignorée ail-leurs, il fut loin d'être nommé.

Un autre candidat, habitant aussi Par-main, M. de Lobel, obtint environ deux cents voix ; il était d'après le programme qu'il avait développé à la tribune partisan de la polygamie et voulait que chaque mari pût prendre autant de femmes qu'il pourrait en nourrir. Son système ne ralliait guère d'adhérents.

M. Dambry obtint aussi une centaine de voix, quoique n'étant pas candidat.

Expédition de la Garde nationale sur Paris en Juin 1848

Les gardes nationaux qui commençaient à en avoir assez des revues, des manœuvres, des gardes à monter, et surtout des nuits à passer au poste, eurent à l'insurrection de Juin 1848, une corvée bien désagréable à remplir.

Ce jour-là il fallut partir en guerre pour aller sur Paris combattre les insurgés.

Notez que j'ai dit partir et non pas arriver.

L'ordre de faire partir le bataillon arriva dans la journée ; il fallait qu'il fût rendu à la gare de Pontoise le lendemain à la première heure.

Au milieu de la nuit, la population fut réveillée par les tambours qui battaient la générale. Les compagnies se réunirent et se rendirent au rendez-vous à l'Isle-Adam.

Le départ fut loin d'être gai, quoique la musique et les tambours fussent en tête du bataillon qui se rendit à pied à la gare de Pontoise en suivant la ligne du chemin de fer.

Arrivé à destination, c'est-à-dire à la gare actuelle d'Epluches, on leur donna l'ordre d'attendre qu'un train soit prêt à partir, mais le chef de bataillon, M. Perret prit sur lui de ne pas attendre et de faire faire à pied le reste du trajet à ses hommes.

Comme on va le voir, il avait ses raisons pour agir ainsi.

Les haltes du bataillon furent fréquentes et comme ce jour-là il faisait très chaud on fit honneur au petit vin de pays que les marchands de vin de campagne vendaient exclusivement en ce temps-là et qui ne valait que quatre ou cinq sous la bouteille.

Personne d'ailleurs n'était pressé d'arriver au combat, car plus on approchait, plus on entendait le canon tonner et même la fusillade crépiter.

Beaucoup parmi ceux qui étaient là avaient des parents et des amis à Paris et ne tenaient guère à aller les combattre et se fusiller mutuellement. Dans les guerres civiles, les frères peuvent tirer sur leurs frères, les amis sur leurs amis et les enfants et les parents se combattre sans le savoir.

C'étaient là les réflexions de tous et plus on approchait de Paris, plus l'envie de revenir sur ses pas devenait une idée fixe ; l'esprit de désertion était dans l'air, mais on attendait la nuit.

Qu'auraient pu faire ces braves gens sans instruction militaire, avec leurs fusils à pierre, sans cartouches et n'ayant que leurs bayonnettes et leurs sabres pour se défendre contre des gens bien abrités dans des maisons ou derrière des barricades.

Le commandant du bataillon eut alors une idée qui n'était pas ordinaire. C'était un buveur de première force, qui portait admirablement la boisson ; un jour avec trois compagnons de sa trempe, ils avaient bu une feuillette de vin d'Andresy en deux jours sans qu'aucun des quatre arrivât à se griser.

Pourtant, ce jour-là, quand on arriva à Enghien vers le soir, il paraissait tellement ivre que deux hommes furent obligés de le soutenir en le tenant chacun par un bras.

A la nuit tombante, comme il n'y

avait plus de commandement, tous, ou à peu près tous, désertèrent sans vergogne et presque sans se cacher; chacun s'en revint à pied par petits groupes. La rentrée eut lieu vers deux heures du matin; tous avaient fait à pied plus de 60 kilomètres et étaient harassés de fatigue.

Quelques-uns pourtant avaient continué à marcher par curiosité jusqu'à Saint-Denis où ils retrouvèrent la musique qui était partie par le chemin de fer dans un vagon de première classe. Personne n'alla plus loin.

Je crois inutile de dire que le commandant Perret avait simulé l'ivresse pour faciliter la rentrée de ses hommes dans leurs foyers.

Les bataillons de Pontoise et de Montmorency ainsi que d'autres bataillons qui avaient reçu chacun trois cartouches par homme pour aller au feu, perdirent sans résultat, un certain nombre d'entr'eux.

Ceux de Pontoise en perdirent sept ou huit.

A partir de ce jour, la garde nationale ne fonctionna plus bien sérieusement, et à la suite de cette expédition il n'y eut plus guère de manœuvres ni de revues. Pourtant, quelquefois on montait encore la garde et on faisait des patrouilles de nuit quand il y avait eu des vols ou des incendies.

Le Marché de L'Isle-Adam

Le marché de l'Isle-Adam n'a pas toujours eu pour emplacement la large et magnifique avenue plantée de superbes tilleuls où il se tient actuellement, il avait lieu autrefois dans la Grande-Rue sur la voie publique. En 1850 il n'avait que bien peu d'importance et à peine 40 à 50 mètres d'étendue.

Les vendeuses, car en ce temps là il

n'y avait guère d'exemple qu'un homme vînt vendre au marché, s'établissaient debout sur deux rangées parallèles, de chaque côté de la rue et attendaient la clientèle. Il n'y avait ni bancs, ni chaises, ni installation spéciale.

Il s'y vendait seulement des fruits, des légumes, des œufs, de la volaille, du beurre et du fromage du pays. Ce beurre et ce fromage étaient fabriqués par les femmes des cultivateurs de la ville et des environs avec le lait de leurs vaches ; le fromage était du fromage blanc dit fromage à la pie.

Il ne se vendait pas d'autre beurre dans le pays ; ce n'est que plus tard que les épiciers commencèrent à en détailler, et plus tard encore que des établissements spéciaux de beurre, œufs, volailles et fromages furent fondés.

Les premiers marchands de viande qui s'installèrent sur le marché furent des charcutiers, après Février 1848, ils ne venaient que fort irrégulièrement pour écouler de la viande achetée bon marché.

On y a vendu en 1848 le porc frais de très bonne qualité sept sous la livre ; en boutique on ne le vendait que neuf sous Le bœuf ne se vendait que le même prix, le beurre 18 sous, la volaille, les lapins et les fruits étaient d'un bon marché inouï.

Par contre l'argent était d'une rareté extrême ; les riches n'ayant pas confiance serraient les cordons de leurs bourses, les ouvriers n'avaient pas d'ouvrage, le commerce était à peu près mort et l'argent ne circulait pas.

Heureusement la confiance reprit et les affaires reprirent leur cours normal.

Au fur et à mesure que l'importance du pays et la population augmentaient, le marché prenait de l'extension ; il vint un temps où ce fut une véritable gêne pour la généralité des habitants de la Grande-Rue et pour la circulation, car la rue

Mellet n'était pas percée et la rue de l'Écluse n'était qu'une ruelle.

Pour obvier aux inconvénients de cet état de choses, la municipalité prit la résolution de changer l'emplacement et de le transférer dans l'avenue où il est encore.

Comme il y avait des opposants, une sorte de referendum eut lieu à la mairie, et les hommes et les femmes furent appelés à donner leur avis.

Ce jour-là, un vendredi, jour de marché, une majorité formidable, composée surtout de femmes qui vinrent plébisciter avec enthousiasme, se prononça en faveur du déplacement malgré les criailleries intéressées de quelques commerçants de la Grande-Rue.

Jusque vers 1860, le marché était franc de droits de place. A présent, c'est une des grandes ressources du budget de la Ville.

Anciennes Coutumes

Le Feu de Joie de la Saint-Jean

Le feu de la Saint-Jean était un antique usage local, qui s'est conservé jusque vers 1875.

On plantait sur la place, que l'on appelle encore le feu de Saint-Jean, un assez gros baliveau de chêne, garni de ses branches et de son feuillage. Au pied de cet arbre, on établissait un gros bûcher de fagots, et à la nuit tombante, le 23 juin, veille de la fête, le curé de la ville, accompagné de son clergé, venait en procession bénir le tout et y mettre le feu.

Une grande foule assistait toujours à cette cérémonie et à ce simulacre d'incendie. C'était réellement curieux à voir par les belles soirées de cette saison.

Beaucoup d'assistants emportaient comme souvenir de ce feu de joie un tison à moitié consumé, cela, parait-il, portait bonheur à la maison.

Ces petites fêtes se terminaient trop souvent d'une façon assez brutale qui en fit plus tard abolir la coutume. Aussitôt le feu à peu près éteint, les assistants ou du moins quelques-uns d'entre eux faisaient tomber l'arbre encore tout brûlant et cherchaient à le traîner dans leur quartier respectif chacun tirant, soit le corps de l'arbre, soit une branche.

Il y avait alors une bousculade insensée, où il y avait quelquefois des blessés, car tous y mettaient de l'amour-propre et même de l'acharnement.

En dernier lieu, c'était presque toujours Nogent qui avait la victoire et on traînait l'arbre en triomphe. Pourtant les Nogentais ne furent pas toujours les plus forts et le trophée charbonné allait quelquefois ailleurs.

Une fois, il fut jeté à l'eau par les charretiers de bateaux et alla au quartier de la Vieille Écluse, une autre fois par suite d'une manœuvre semblable, il fut emmené à Jouy-le-Comte. Jadis, c'étaient souvent ceux de Parmain qui remportaient la victoire.

Les vainqueurs dressaient l'arbre en belle place, bien en vue, et il y restait toute l'année comme trophée de leur succès.

C'est à cause des scènes regrettables qui ne pouvaient manquer d'avoir lieu dans l'entraînement de luttes semblables que la municipalité abolit cet usage qui remontait à une époque fort ancienne.

*
* *

Feu de Joie du Carnaval

Un autre feu de joie annuel avait lieu à l'Isle-Adam dans la soirée du Mercredi des Cendres.

Les organisateurs de cette farce de carnaval se réunissaient costumés et masqués dans l'après-midi de ce jour et fabriquaient un mannequin qui avait la prétention de figurer un personnage. Ils appelaient cette effigie « *Carempernant* », ce qui voulait sans doute dire carême prenant.

Ce mannequin était ensuite promené dans toutes les rues de la ville et ensuite, après un simulacre de jugement, condamné à être brûlé. Dans une seconde tournée, on réquisitionnait chez chaque cultivateur une ou deux bottes de paille (il y avait alors à l'Isle-Adam et à Parmain beaucoup plus de petits agriculteurs qu'à présent) pour établir le bûcher qui devait servir à incinérer le carempernant.

Le soir, le carempernant était placé au milieu du bûcher qui était établi sur le pont du bras du milieu et on allumait le feu.

La fête se terminait par une ronde joyeuse et échevelée autour du brasier..

Jeu de Paume des Princes de Conti

Le jeu de paume des princes de Conti était situé à 200 mètres au nord du château, du côté de Parmain, en face la source appelée encore « *la fontaine de la pelote* ».

Jeu de paume et jeu de pelote étaient synonymes.

* *

Naufrage d'un Bateau de Cloches en 1793

D'après les dires des vieillards, un bateau chargé de cloches coula à fond du temps de la première République, un peu au-dessous du nouveau barrage et ne fut jamais repêché de cet endroit où l'eau est très profonde.

Ces cloches avaient été réquisitionnées dans les églises et couvents ; on les transportait à la fonderie de canons de Pontoise.

Le Parc du Château

Le parc du château était situé sur le territoire de Parmain, attenant au petit château, il longeait l'Oise d'un côté et le chemin de Jouy-le-Comte de l'autre, il contenait 80 arpents. Sur le plan cadastral de Parmain, cet endroit porte encore le nom de « *Parc de l'Isle-Adam* ». Il était autrefois clos de murs, sauf du côté de la rivière. Il en reste une petite partie bien boisée et assez accidentée, bien percée d'allées bien ombragées, qui est une des plus agréables promenades du pays.

***

Le Potager du Château

Le potager du château était aussi sur le territoire de Parmain, au sud de ce village, dans un terrain de toute première qualité ; l'exposition était au sud-est.

Il était clos de murailles et sauts-de-loup, sauf du côté de la rivière ; la contenance était de 24 arpents.

* *
*

Le Jardin Anglais

Le jardin anglais était situé en face et à gauche du château, touchait d'un côté la place du feu de Saint-Jean, de l'autre le rû du gué et des deux autres l'Oise et le chemin de Beaumont.

Une partie a été expropriée pour le canal de la nouvelle écluse.

* *
*

La Faisanderie

La faisanderie, qui, comme son nom l'indique, était l'endroit destiné à l'élevage des faisans, était située au nord des écuries, bordant le chemin de la faisanderie.

Elle comprenait une partie de la propriété de M. Desfossés et presque toute celle de M. Thoureau.

Curiosités du Pays

La Forêt

La forêt de l'Isle-Adam, bien percée de routes dans tous les sens, est une promenade des plus agréables, elle est très étendue, la futaie y est magnifique et les taillis pas trop touffus, ce qui permet aux promeneurs l'entrée facile dans les sous-bois sans crainte des épines qui ont été arrachées avec soin ; les routes et les allées sont bien entretenues et le sol étant sec et sablonneux, il n'y a jamais de boue.

Au printemps, le muguet y est très commun et de toute beauté ; les fraises

des bois y poussent en quantité et même
les framboises, qu'il ne faut pas con-
fondre avec les mûres qui poussent sur
les ronces.

*
* *

Arbres Géants

Il y a dans la forêt de très gros arbres,
dont les plus curieux sont deux chênes
séculaires qui sont de véritables géants
de végétation.

L'un des deux est situé à gauche de la
route qui était autrefois celle de Paris, à
peu près vers les deux tiers de la traversée de la forêt.

Ce chêne qui est paraît-il le plus gros
du département, a au moins cinq ou six
siècles d'existence ; il est encore plein de
vigueur de végétation et aucun indice
n'annonce sa décrépitude.

Le second de ces gros chênes est au
carrefour de la table de Cassan, près de
la route actuelle de Beaumont. C'est une

énorme jumelle à trois branches à peu
près égales ; chacune de ces branches a
à elle seule les proportions d'un chêne
de très forte grosseur, c'est une merveille
de végétation pittoresque quoique pourtant l'arbre eût des proportions très régu-
lières et qu'il eût au moins trente mètres
de hauteur totale.

De fort loin et de tous les endroits
élevés qui dominent la forêt, on aperçoit
les hautes cimes de ces arbres au-dessus
des autres.

Il y a aussi près de la plâtrière de Nerville, sur le bord de la route de Presles
à Mériel deux très gros hêtres qui sont
fort intéressants à voir.

*
* *

La Table de Cassan

La table de Cassan est située au rond-
point de ce nom qui est traversé par la
grande route de l'Isle-Adam à Beaumont-

sur-Oise. C'est une grande table d'ancien rendez-vous de chasse en pierre dure massive, posée sur un pied central qui date d'une époque très ancienne. Elle est ronde et ressemble à un vaste guéridon.

Elle était autrefois au centre exact du carrefour, c'est-à-dire dans l'axe de la route quand cette voie de communication fut construite, au milieu du XIXe siècle, la table fut déplacée et mise où elle est; comme la dalle de dessus était cassée, on l'a alors remplacée par une neuve imitant de tous points l'ancienne.

Un tableau du musée de Versailles représente une chasse du prince de Conti à cet endroit; l'aspect n'a guère changé depuis.

*
* *

Le Pavillon de Paris

Un autre carrefour de rendez-vous de chasse était celui du pavillon de Paris qui porte encore ce nom, mais on n'y voit plus aucun vestige des constructions importantes qui y furent faites.

Au siècle dernier ce rond-point servait chaque dimanche après-midi pendant la belle saison d'emplacement à un bal champêtre qui était très fréquenté jusqu'à peu près 1860.

*
* *

Le gros Orme de Nogent

Le gros orme de Nogent peut être considéré comme une des curiosités de la ville. Il est plus que centenaire, puisque c'est, dit-on, un arbre de liberté qui a été planté au moment de la première révolution.

Ce vénérable souvenir de la première république fut respecté par tous les gouvernements qui se succédèrent depuis, et les autorités municipales de l'Isle-Adam firent semblant de l'oublier lorsque le gouvernement impérial fit abattre les arbres de liberté de 1848, au commencement de 1851.

Cet arbre qui est encore magnifique de forme et de végétation, malgré son âge avancé (il est rare de voir des ormes aussi vieux) est toujours plein de vigueur, a fait cette année encore des pousses magnifiques et paraît destiné à végéter et même grossir pendant longtemps encore. A cause de ses origines républicaines, il mérite d'être conservé.

*
* *

L'ancienne Écluse et l'ancien Barrage

L'ancienne écluse et l'ancien barrage de l'Isle-Adam, qui ont été démolis en 1902 et 1903 avaient été construits au moment de la canalisation de l'Oise, vers 1830.

Un document très intéressant pour l'histoire de la ville a été trouvé par un scaphandrier pendant la démolition des assises de fond de la pile située entre le pertuis et le barrage.

C'est une plaque de plomb, qui au moment de la découverte était pliée en quatre, elle porte l'inscription suivante :

P.-N. TOPINARD

Maire de l'Isle-Adam, a posé cette pierre
le 10 Octobre 1830
LOUIS-PHILIPPE PREMIER
Roi des Français

Cette plaque qui a 41 centimètres de longueur sur 20 de largeur est en assez bon état, elle est dans ma collection.

Il ne restera plus de cette ancienne construction, quand la grande pile qui reste sera enlevée que la maçonnerie des deux berges pour en indiquer l'emplacement.

*
* *

Justice de Paix (Ancienne Mairie)

Jusque vers 1868, cette construction servait tout à la fois de mairie, de justice de paix, d'école communale de garçons, de logement à l'instituteur et à sa famille. Tous les services de la mairie y étaient installés; il y avait en plus la prison et le logement de son gardien avant qu'il y eût une brigade de gendarmerie.

* * *

Mairie de l'Isle-Adam

La mairie a été construite à la fin du règne de Napoléon III et inaugurée un an ou deux avant la guerre de 1870.

Elle a été élevée sur l'emplacement d'une propriété achetée en partie par la Ville, et celui d'un grand lavoir communal qui fut supprimé à cette occasion.

* * *

L'Hospice

L'hospice de l'Isle-Adam est un don de M. et Mme Chantepie-Mancier; il était déjà construit et donné aux communes de l'Isle-Adam et de Parmain avant la guerre de 1870, mais faute de rentes suffisantes, et à cause d'un procès avec les héritiers des donateurs, on laissa capitaliser son actif, pendant plus de quinze ans, jusqu'à ce que le chiffre des rentes jugées nécessaires par l'exécuteur testamentaire et la commission fussent atteints. Les habitants de l'Isle-Adam et de Parmain y ont seul droit gratuitement.

Depuis son inauguration, un certain nombre de personnes charitables ont fait par testament des legs qui sont venus augmenter les ressources de l'hospice auquel on a ajouté un asile pour les vieillards. On va même y ajouter une vaste annexe au rez-de-chaussée, grâce à un legs fait par un habitant de Parmain, M. Blanchet.

Le budget de cet établissement s'élève pour l'année 1906 à la somme de 32.975 francs dont voici le détail des recettes :

1° Loyer des maisons et terrains.......................... 16.000

2° Rentes sur l'État......... 9.525

3° Intérêts legs Blanchet 1.350

4°   id.   Delatremblais   300

5°   id.   Foulquier....   150

6° Intérets de fonds placés au
  trésor....................... 150

7° Journées de malade à la
  charge du département.... 1.500

8° Journées de malades pa-
  yants......................... 4.000

Total des prévisions de recettes 32.975

Le Conseil d'administration de l'hospice est ainsi composé :

Les maires et les curés de l'Isle-Adam
et de Parmain en sont membres de droit
et il y a deux délégués de chaque commune nommés par les Conseils municipaux.

Groupe Scolaire

Le groupe scolaire de l'Isle-Adam a été construit en 1882.

*
* *

L'Asile ou Ecole Maternelle

La salle d'asile ou école maternelle a été construite vers 1860.

*
* *

Le Presbytère

Le presbytère a été construit près de l'emplacement de l'ancien qui était devenu insuffisant et ne payait guère de mine vers 1868.

Les finances communales n'eurent que peu à payer de cette dépense qui fut supportée en majeure partie par M. l'abbé Grimot et les fidèles.

L'ancien presbytère était une assez laide construction, faisant face au der-

rière de l'église, près de la rue, sur la
limite est du jardin.

* *
*

L'Église

L'église de l'Isle-Adam est bien située,
au centre de la ville, près la mairie et le
presbytère ; c'est un monument très curieux et très intéressant, dont la partie
principale a été édifiée au XVIe siècle.

Commencée en 1499, du temps des Villiers de l'Isle-Adam, elle ne fut terminée
qu'en 1567, année de la mort du premier
des ducs de Montmorency, qui furent
seigneurs de l'Isle-Adam.

La chapelle, qui est située sur le côté
nord, a été commencée à édifier par
l'avant-dernier des princes de Conti, qui
mourut le 2 août 1776. Son fils la fit terminer et le corps du prince y fut inhumé
le 2 août 1777, un an après.

Le grand clocher, qui est à l'ouest, a

été construit du temps de M. l'abbé Grimot, un peu avant 1870.

M. l'abbé Grimot fut curé de l'Isle-Adam de 1848 à 1885; c'est à lui que l'église doit à peu près tous ses embellissements, entre autres la chaire en bois sculpté qui passe pour être de 1560 et a été achetée par lui en Allemagne; les stalles du chœur, très curieusement travaillées, sont aussi des œuvres anciennes sculptées par des moines du XVe siècle; les verrières sont à peu près toutes modernes. La chapelle du côté sud a été édifiée de son temps.

C'était non seulement un curé dévoué à son église, mais c'était aussi un érudit et un archéologue de très grand mérite qui, à sa mort, laissa d'unanimes regrets dans la contrée.

Pourtant, son dernier vœu, qui était d'être enterré dans la chapelle qu'il avait fait construire, ne fut pas exaucé, et le

Conseil municipal refusa son approbation.

Monument de la Défense de Parmain

Le monument commémoratif de la défense de Parmain, qui est situé à droite du pont du milieu, en venant de la gare, n'est pas le seul souvenir qui rappelle ce fait d'armes car près de quinze ans avant son érection, il en avait déjà été élevé un autre rappelant les mêmes événements, qui par suite de circonstances où la politique et les questions de clocher n'étaient pas étrangères, fut relégué dans le cimetière de Jouy-le-Comte où il est encore.

Dans un ouvrage spécial qui a été déjà imprimé à diverses reprises et vient encore d'être publié en volume sous le titre *La Défense de Parmain* et est en vente chez les libraires des cantons de Pontoise et de l'Isle-Adam, nous avons fait l'historique complet de cet épisode local de la guerre de 1870, où pendant huit jours consécutifs, une poignée de paysans mal armés, aidés de sept francs-tireurs échappés de Sedan, tinrent tête à toute une partie de l'armée allemande et lui firent même subir des pertes relativement énormes.

L'inauguration de ce monument eut lieu en 1887, et se fit en très grande pompe, ce fut l'occasion d'une belle fête patriotique, où un grand nombre de Sociétés et de délégations venues la plupart de fort loin assistèrent. M. Déroulède, président de la Ligue des patriotes, y prononça un discours vibrant de patriotisme qui fut entendu de tous les assistants.

M. Auguste Jolivet, conseiller municipal de la ville de l'Isle-Adam était président du Comité qui organisa la souscription et dirigea le travail.

Monument de Jules Dupré

Le monument élevé à la mémoire de Jules Dupré, le célèbre paysagiste est situé à l'entrée et à l'angle de la place de la Fête et de la rue Mellet ; le buste du peintre est fort ressemblant.

Le célèbre artiste, né en 1811 est mort en 1889, à l'Isle-Adam, qu'il avait habité jusqu'à sa mort. Il s'était allié à une des familles les plus honorables du pays.

L'architecte du monument fut le gendre du maître, M. Scellier de Gisors, qui comme architecte fut aussi une des gloires de l'Isle-Adam.

*
* *

Monument de M. Dambry

Le monument élevé à la mémoire de M. Dambry se compose d'un médaillon en bronze ; très ressemblant encastré dans le fronton de la fontaine de la mairie ou fontaine Dambry, à l'intersection

de l'avenue de Paris, de celle des Écuries
et de la Grande Rue.

M. Dambry, qui était né dans les der-
nières années du XVIIIe siècle, mourut
septuagénaire en 1869, en son château de
l'Isle-Adam, qu'il avait fait construire
sur l'emplacement des écuries qu'avait
fait édifier le dernier des princes de
Conti.

Il devint maire de l'Isle-Adam, peu
après 1830, et conserva ses fonctions jusqu'à sa mort c'est-à-dire pendant près
de 40 ans, sauf une légère intermittence
au moment de la Révolution de février
1848, où M. Viger fut nommé maire
provisoire, événement dont nous avons
parlé en son temps.

M. Dambry avait auparavant succédé
à son père comme notaire à l'Isle-Adam.
Il quitta le notariat assez jeune et eut
pour successeur Me Duchauffour.

Sous Louis-Philippe, du temps du suffrage restreint, quand il fallait payer

deux cents francs d'imposition pour être électeur, il se présenta à la députation dans la circonscription. Il ne lui manqua que quelques voix pour être élu.

Il fut pendant plus de trente ans conseiller général du canton, dont il défendit toujours les intérêts à cette assemblée avec beaucoup de tact et de ténacité.

Ce fut de son temps que furent construits la mairie, la salle d'asile, le presbytère, le grand clocher de l'église, ainsi que l'hospice, qui, nous l'avons dit, était un don personnel de M. et Mme Chantepie-Mancier. Beaucoup de rues nouvelles furent aussi percées pendant qu'il fut maire.

Le réseau des routes et des chemins vicinaux de la commune et du canton, fut aussi construit de son temps et il y contribua dans une large mesure. Auparavant, il n'y avait comme routes à l'Isle-Adam que la route de Paris qui allait par la forêt rejoindre à *La Cave* la grande route que suivant les régimes on nommait nationale, royale ou impériale. Les autres chemins de la commune n'étaient auparavant que des chemins de traverse ni empierrés, ni pavés, ni entretenus qui devenaient comme partout ailleurs dans la mauvaise saison de véritables fondrières.

Trois ou quatre ans avant sa mort, sous le règne de Napoléon III, M. Dambry se présenta de nouveau à la députation et fut nommé à une élection partielle comme candidat officiel du gouvernement impérial, député de la circonscription électorale, qui comprenait alors tout l'arrondissement de Pontoise, et en plus les cantons de Poissy et de Meulan. Il fut réélu de nouveau aux élections générales qui suivirent.

Son rôle à la Chambre fut assez effacé, car il n'était que médiocrement orateur, et commençait déjà à prendre de l'âge, mais c'était un député travailleur qui était exact aux séances et s'occupait beaucoup dans les travaux des commissions parlementaires.

M. Dambry mourut célibataire, et sa fortune passa après lui à ses collatéraux, dont aucun n'habitait l'Isle-Adam.

Par une des clauses de son testament, sa propriété de l'Isle-Adam doit rester entière et ne pas être divisée pendant un temps déterminé qui je crois est de cinquante années à dater du jour de son décès, c'est-à-dire que jusqu'en 1919 le terrain ne peut être vendu par lots, ni partagé en aucune façon.

Par des actes authentiques, consentis par les propriétaires, au profit de M. Dambry et des propriétaires qui lui ont succédé ainsi que ceux qui lui succéderont, un certain nombre de terrains situés en vue du château sont grevés d'une servitude par laquelle ils n'ont pas le droit ni de construire ni de planter des arbres, ni même je crois y élever des meules de récolte ou tout autre obstacle pouvant intercepter la perspective que l'on a du château sur les côteaux de Parmain et de Champagne ainsi que de la vallée de Jouy-le-Comte.

Cette servitude est un grand obstacle à l'agrandissement de la ville de ce côté.

Société de Gymnastique

Il y a à l'Isle-Adam une société de gymnastique et d'instruction militaire (*La Vaillante*) qui a été fondée il y a quelques années, sous la présidence de M. Bié et la direction de M. Auffret.

Cette Société compte actuellement une cinquantaine de membres actifs, tant adultes que pupilles, elle compte aussi beaucoup de membres honoraires.

Ce groupement athlétique n'est pas le premier du même genre qui fut fondé à l'Isle-Adam. Il y en eut une autre société fondée il y a environ vingt cinq ans qui dura une dizaine d'années.

Société d'Agriculture et d'Horticulture

La société d'agriculture et d'horticulture du canton de l'Isle-Adam a été fondée en 1869, à la suite de dissentiments entre les jardiniers du canton de l'Isle-Adam faisant alors partie de la société de Pontoise et cette société, les membres habitant le canton de l'Isle-Adam ayant été froissés de n'avoir eu aucun des leurs élu aux élections du bureau.

Cette société se compose d'environ 200 membres et est très prospère; elle possède un jardin-école clos de murs qui lui a été offert par Mademoiselle Kapeler, son président est M. Persida, maire de Parmain.

Société de Chrysanthèmistes

Il y a aussi à l'Isle-Adam, une autre société horticole, celle des chrysanthèmistes. Elle est de fondation beaucoup plus récente. Son président est M. Lainé, maire de la ville.

Société Philharmonique

Cette société dont le directeur est M. Marsengo est composée en majeure partie de musiciens de premier ordre ; elle a été fondée vers 1900 et est très prospère.

A diverses reprises des sociétés de ce ce genre avaient été fondées autrefois à l'Isle-Adam, mais elles n'avaient pas tardé à être dissoutes.

Société Artistique

La société artistique de l'Isle-Adam a pour but d'encourager les artistes locaux et d'organiser périodiquement des expositions de tableaux et autres œuvres d'art exécutées par les artistes et les amateurs de la région.

Cette société qui a environ cinq années d'existence a déjà organisé quatre expositions. Les deux premières en 1901 et 1902 ont eu lieu à l'Isle-Adam dans le grand salon de l'Hôtel de l'Écu ; celles de 1904 et 1905 dans les salles de la mairie de Parmain.

La société eut successivement pour présidents : MM. Desfossés, ancien maire de l'Isle-Adam, Brunet, statuaire à Parmain, Boulard et Bureau, tous deux aussi de Parmain.

Déjà, il y avait eu quelques années

auparavant deux autres expositions artistiques à la mairie de l'Isle-Adam.

~~~~~~~~~~~~~

Société de Secours mutuels

La société de secours mutuels de l'Isle-Adam est après la fanfare, la plus ancienne des associations de la ville. C'est aussi une des Sociétés mutualistes les plus anciennes du département, car sa fondation remonte à près d'un demi-siècle.

Le plus ancien des membres participants est M. Ernest Lerebourg, qui est entré dans la Société en 1859.

Les membres participants sont au nombre d'environ 175 y compris deux dames et une demoiselle. Il y a aussi à peu près 90 membres honoraires, parmi lesquels une trentaine de dames et demoiselles.
~~~~~~~~~~~~~

La cotisation est de quatre francs par trimestre pour les hommes et trois francs pour les femmes. Le minimum de cotisation des membres honoraires est de six francs par an.

Le président actuel est M. Lainé, maire de l'Isle-Adam et le vice-président M. Alphonse Hanne, conseiller municipal.

Sept des plus anciens membres de la Société jouissent de pensions de retraites.

Chambre Syndicale des Entrepreneurs

Il a été fondé il y a quelques années à l'Isle-Adam une chambre syndicale des entrepreneurs du bâtiment de l'Isle-Adam et de ses environs ; elle a pour but la défense des intérêts de ses membres. Son premier président fut M. Prévost qui vient de mourir.

Joueurs de Boule

Depuis longtemps, il existe à l'Isle-Adam une société de joueurs de boule, dont les membres s'exercent à leur jeu favori, chaque jour de beau temps pendant la belle saison, sauf pourtant les dimanches, sous les ombrages de la place du Pâtis.

Cette société qui a pour président M. Caillot, compte une trentaine de membres, presque tous petits rentiers retirés des affaires qui trouvent là une distraction amusante et hygiénique, qui a l'avantage de ne pas être ruineuse, car l'enjeu n'est que de cinq centimes par partie.

Le genre de partie jouée à l'Isle-Adam, est l'ancien jeu du cochonnet, avec quelques modifications locales.

Cette société pourrait bien être la plus ancienne de la ville, car les plus vieux habitants du pays y ont toujours vu jouer.

Patronage de Saint-Martin de l'Isle-Adam

Il a été fondé à l'Isle-Adam, il y a quelques années, une société dite « *Patronage de Saint-Martin de l'Isle-Adam* », qui compte parmi ses membres une cinquantaine de jeunes gens et à peu près autant de jeunes filles.

Le but de cette société, dont le président est M. l'abbé Desrues, curé de la paroisse, et qui compte comme beaucoup d'autres sociétés de la ville un certain nombre de membres honoraires, est de procurer aux jeunes gens des deux sexes des distractions morales, agréables, utiles et peu coûteuses.

La Société possède rue Bergeret, près de la gendarmerie, un assez vaste établissement, où il y a une salle de jeux et de billard, et même une salle de spectacle, où pendant l'hiver ses membres donnent de temps à autre par invitations des représentations théâtrales gratuites fort goûtées de la population. Elle a aussi tout un matériel d'engins de gymnastique, ainsi qu'un vaste champ d'exercices sportifs en plein air, situé dans la petite plaine, où il y a deux pistes de foot-ball, des emplacements de jeu de lawn-tennis et de tous les exercices et sports de plein air en usage dans les sociétés athlétiques de patronage du même genre assez nombreuses dans la région.

Ces diverses sociétés organisent souvent entr'elles des concours, des matchs, et des championnats athlétiques.

Dans le courant de l'été des excursions en chemin de fer et en voitures sont organisées au moins de frais possible.

Il n'y a jamais de promiscuité entre les garçons et les filles.

Société de Sauvetage et de Natation

La société de sauvetage et de natation
de l'Isle-Adam, a pour président d'honneur M. Cornudet, député de la circonstion, et pour président effectif M. Desfossés, ancien maire de l'Isle-Adam.

Cette société qui remonte à une douzaines d'années rend de très grands services, surtout pendant la saison des bains
de rivière, elle a en permanence pendant
tout l'été à l'endroit où est installé la
baignade, un bateau de secours et un
maître nageur, toujours prêt à secourir
les baigneurs en danger de se noyer.
Ainsi depuis que la société fonctionne, il
n'y a à peu près pas eu d'accidents de ce
genre à déplorer à l'Isle-Adam.

La baignade de l'Isle-Adam peut être
considérée comme une véritable petite
plage balnéaire d'eau douce ; elle est située dans un bras de rivière interdit

à la navigation où on n'est jamais gêné par la circulation de la batellerie.

L'eau y est peu profonde et le fond très uni est composé de sable fin très doux aux pieds. On accède à la rivière par des escaliers en bois très bien établis. Il n'y a guère ailleurs d'endroit aussi bien disposé pour prendre des bains de pleine eau, agréablement et sans danger.

De nombreuses cabines fort bien tenues sont à la disposition des baigneurs et des baigneuses moyennant une légère rétribution. Les sociétaires seuls y ont droit gratuitement; il y a aussi des costumes de bains pour les deux sexes.

A certaines heures de la journée, c'est un curieux spectacle de voir tous ces baigneurs et baigneuses prendre leurs ébats auxquels assistent presque toujours de nombreux curieux des deux sexes; cela donne l'illusion d'une véritable plage balnéaire.

Chaque année à sa réunion générale,

la société décerne des médailles à ceux qui ont accompli des sauvetages.

Autres Sociétés locales

Association des Dames de France. — Cette société qui a pour but de donner des secours aux blessés et malades des armées de terre et de mer, a à l'Isle-Adam un comité très importaut présidé par Madame Desfossés.

Dotation de la Jeunesse de France. — Cette société qui a pour but la dotation des enfants des sociétaires, a à l'Isle-Adam une section dont le président est M. Noël.

Section de tir territorial. — Il y a aussi une section très nombreuse de membres de la société de tir territorial de Presles, elle a pour président local M. Boufflette.

Ancienne société de tir.— Il y a une ancienne société de tir qui compte encore une quinzaine de membres.

Cette société a un règlement et des statuts approuvés mais elle ne fonctionne plus faute de stand.

Son dernier président était M. Bou qui est décédé et n'a pas été remplacé.

Autrefois, chaque année, cette société offrait annuellement au moment de la fête patronale, un grand concours public de tir où les plus forts tireurs de France venaient participer.

Indépendamment de ce grand concours annuel, les sociétaires en organisaient d'autres entr'eux pendant toute la durée de la belle saison.

Le stand était très bien agencé pour éviter tout danger d'accident, il était admirablement situé près de la place de la

Fête, il a été désaffecté quand on a cons-construit le nouveau boulevard, il ne comportait qu'une seule cible à 150 mètres.

Parmi les tireurs qui ont fait partie de cette société, la plupart étaient devenus d'une adresse bien au-dessus de la moyenne : pourtant il n'y en eut jamais de force absolument exceptionnelle.

Nouvelle société de tir en formation. — Il y a en ce moment, une nouvelle société de tir en bonne voie de formation, la « *Société des carabiniers de l'Isle-Adam-Parmain* ».

Le stand de cette nouvelle société qui est déjà en voie de construction sera situé route de Stors, près de la route départementale, à peu près à égale distance de la gare de Mériel que de celle de Parmain-l'Isle-Adam ; l'inauguration doit en avoir lieu au printemps prochain (1906).

Il est regrettable que les organisateurs

de cette Société n'aient pu trouver un emplacement plus près de la ville, mais la chose n'était guère facile, si ce n'est même impossible ; l'endroit a d'ailleurs le très grand avantage d'être accessible aux tireurs qui pourront s'y rendre, soit à pied, soit en bicyclette, par une route magnifique, sans avoir aucune côte à monter.

A cause de la disposition du terrain, situé entre la route du haut de Stors et un chemin de traverse, la distance du pas de tir aux cibles ne pourra être que de cent mètres.

Cette distance que beaucoup de tireurs trouveront un peu courte, a pourtant certains avantages qui ne sont pas à dédaidaigner. D'abord, les dangers d'accidents y sont moins à craindre et point qui est aussi très important, la dépense à faire est beaucoup moindre, non seulement pour l'installation du stand, mais aussi surtout au point de vue de la dépense à faire pour les cartouches qui, pour cette distance, coûtent très bon marché, mais qui reviennent fort cher dans les tirs à longue distance.

L'étude du tir, par les jeunes gens, leur est aussi utile et fructueuse à la plus petite distance qu'à la plus grande. Celui qui sait bien tirer, même à dix ou quinze mètres, tirera tout aussi bien, quand il aura à le faire aux distances les plus éloignées, pour cela, il n'y a guère à faire qu'une légère étude d'appréciation des distances qui est des plus faciles à comprendre.

Cette intéressante société paraît devoir être une des plus nombreuses de la ville, on espère que quand elle sera définitivement constituée, elle comptera près de deux cents membres tant actifs qu'honoraires.

Le président est M. Boufflette père.

Anciennes Sociétés disparues

Orphéons

A plusieurs reprises, des sociétés orphéoniques ont été fondées à l'Isle-Adam.

La première tentative sérieuse eut lieu en 1857 sous la direction de M. Jérome, chef de la musique d'Harmonie, qui fut aidé par M. Morard père, instituteur communal et sous-chef de la musique.

Cette tentative n'eut pas de succès et la plupart des élèves orphéonistes entrèrent dans la musique.

Peu d'années après, M. Morard, recommença seul, mais cela ne dura encore que peu de temps, à cause des études fastidieuses de messes entières en musique que le chef faisait trop souvent répéter à ses élèves.

Plus tard, sous la direction de M. Clément Morard, un des fils du précédent, l'orphéon de l'Isle-Adam se réorganisa et devint d'une force exceptionnelle pour un simple chef-lieu de canton, eut de grands succès dans les concours, même en division supérieure et concourut avantageusement avec les plus fortes sociétés chorales de France.

Il y a quelques années, une nouvelle tentative de réorganisation eut lieu sous la direction de M. Edmond Morard, mais n'eut pas de succès.

*
* *

Société Lyrique et Dramatique

Il y eut à l'Isle-Adam, vers la fin du règne de Louis-Philippe, une société lyrique et dramatique dont le but était de jouer la comédie de salon. Cette société avait pour président M. Cugnot, bottier à l'Isle-Adam, qui devint plus tard maire de la ville, à la mort de M. Dambry, et fut le prédécesseur de M. Thoureau.

Les maires des chef-lieux de canton étaient alors nommés par le gouvernement impérial.

Curieuse Coïncidence

Le château de l'Isle-Adam qui fut brûlé par les Prussiens en 1870, avait été incendié par accident en 1670, du temps où Marie Martinozzi, princesse de Conti était tutrice de son premier fils.

Une inscription qui existe encore au presbytère de Jouy-le-Comte en fait foi ainsi que le document des archives de Parmain dont nous avons donné copie.

D'après certains ouvrages sur le département de Seine-et-Oise, le même château avait été pillé et brûlé en 1570 par les ligueurs de Beauvais.

Pendant la période troublée de la ligue, où la France était en pleine guerre civile les ligueurs de Beauvais firent souvent des incursions au cours desquelles ils pillaient les villages et les châteaux de ceux qui n'étaient pas de leur parti.

Non seulement, l'Isle-Adam eut à souffrir de ces opérations de pillage et de déprédation, mais la ville et le château de Méru qui appartenaient aussi au duc de Montmorency furent détruits à plusieurs reprises à quelques années d'intervalle, ainsi que bien d'autres villages et châteaux des environs.

Une vingtaine d'années plus tard, de 1589 à 1591, l'Isle-Adam eut encore beaucoup à souffrir au moment des prises et des reprises de la forteresse, tantôt par Henri IV, tantôt par les ligueurs de Pontoise.

Les Dragages de l'Oise
et l'Histoire de l'Isle-Adam

Indépendamment des sièges et des combats dont nous venons de parler et qui sont de tous points absolument historiques, la forteresse de l'Isle-Adam a certainement, à des époques encore plus anciennes subi des attaques et des assauts à diverses reprises.

On ne peut en déterminer les époques, mais la preuve en est faite par des remarques concluantes que l'on a pu faire au moment des grands dragages de l'Oise effectués il y a quelques années de 1901 à 1904.

Les plus intéressantes de ces découvertes ont été faites dans le bras du Moulin, quand on l'a mis à sec pour enlever les culées de l'ancien pont sur lequel était autrefois établi le moulin.

Au-dessous des fondations de ces culées, on a trouvé dans le sable, un certain nombre de fers de chevaux. Ces fers, dont quelques-uns n'étaient pas forgés avec du fer pur, mais avec une composition de métaux divers, sorte de métal blanc, n'ayant pas subi d'oxydation, étaient de petite dimension et devaient avoir servi à des chevaux de petite taille. Ils avaient les bords extérieurs un peu sortants en face chaque trou destiné à recevoir les clous. Ces clous eux-mêmes étaient encastrés dans une rainure spéciale destinée à empêcher les clous de s'user trop vite.

On y a trouvé aussi un éperon de même métal et un étrier ; on attribue ces objets à l'époque gauloise. Ils ont certainement été perdus là avant la construction du pont.

La plus intéressante des remarques que l'on a pu faire à cet endroit, a été faite sous la voûte de l'avant-dernière arche du côté de l'île. C'était un amas considérable de poix durcie et pétrifiée par le temps, et mélangée d'une quantité énorme d'épingles ordinaires en laiton, analogues à celles actuelles qui étaient là par milliers, parmi lesquelles il se trouvait un grand nombre de petits anneaux du même métal, des fragments de cottes de mailles, de toutes sortes de menus objets et même de monnaies très minces qu'il était impossible de déterminer.

Quelques-unes de ces pièces de monnaie en cuivre paraissaient avoir été recouvertes intentionnellement d'une légère couche de métal jaunâtre imitant l'or.

La couche de poix durcie avait au moins soixante centimètres d'épaisseur totale, le long de la culée située du côté de l'île. Il est très probable que c'était là qu'était située la fameuse grosse tour qui fut démolie vers 1700 par le grand Conti.

Il est très probable que cette énorme masse de poix pétrifiée par la longueur

des temps fut jetée du haut de cette tour
par les défenseurs de la forteresse, et cela
sans aucun doute à bien des reprises
différentes aux moments des sièges et
d'assauts livrés aux époques où ces
moyens de défense étaient encore en
usage et à peu près certainement avant
les prises et reprises du temps de
Henri IV dont nous avons parlé.

Si à ces époques, le pont existait déjà,
il y avait là tout au moins une travée formant un pont-levis, car si le pont avait
été à tablier plein et fixe, la poix n'aurait pu tomber au fond de la rivière.

Les épingles trouvées en si grand
nombre parmi la poix, doivent avoir servi
d'armes défensives, et piquées en tous
sens et en trés grand nombre dans
l'étoffe des vêtements des assaillants,
devaient former des semblants de cottes
de mailles pour amortir les coups d'armes tranchantes.

Dans toute l'étendue du pourtour de

l'île on n'a remarqué nulle part pareille chose dans les déblais qui ont été dragués.

Tout près de là, dans les déblais enlevés par les dragues, on a trouvé une cotte de mailles entière et très fine, dont une partie était imprégnée de poix durcie. Malheureusement cette armure a été fort abîmée par les ouvriers qui ignoraient l'intérêt que cette curieuse pièce pouvait avoir.

On a aussi remarqué au même endroit un grand nombre d'ossements d'hommes et de chevaux assez bien conservés, mais noircis par la vase du fond de la rivière dans laquelle ils étaient engagés.

On a aussi recueilli au même endroit une très grande cuillère en fer de la contenance de plus d'un litre, qui est intérieurement doublée en cuivre, et contient encore dans le fond des traces de poix.

Cet instrument a dû servir à verser de la poix bouillante; le manche en fer a plus de soixante centimètres de longueur;

la cuillère est à trois becs et a à peu près
la forme d'une cafetière plus large du
bas que du haut. C'est une pièce très curieuse.

Toutes ces choses, et surtout la grande
quantité de poix durcie et entremélée
d'épingles et de débris divers annoncent
clairement que bien des combats et bien
des assauts ont dû êtres livrés à cet endroit.

Malheureusement, aucun document
ni aucune tradition n'en rappellent le
souvenir, et il est de toute impossibilité
de déterminer les époques où ces événements ont dû se passer.

Pourtant, quelques objets trouvés dans
les déblais, et entr'autres une lance de
forme tout à fait particulière, et évidemment anglaise semblent indiquer, d'une
façon à peu près certaine, que des événements de guerre ont dû se passer là à
l'époque de la guerre avec les Anglais.

De nombreux boulets de pierre (on en

a trouvé des centaines) trouvés partout autour de l'île dans le lit de la rivière, confirment aussi cette hypothèse. On sait que ce sont les Anglais qui ont les premiers employé les canons et que les premiers boulets étaient en pierre. Ceux trouvés à l'Isle-Adam, sont pour la plupart en pierre très dure il y en a même en granit, il y en avait aussi en pierre relativement assez tendre.

La dimension de ces boulets était d'un modèle uniforme, ils avaient de dix à onze centimètres de diamètre, il y en avait aussi de plus petits.

La Jacquerie. — Il est aussi à peu certain que du temps de la Jacquerie qui a pris naissance tout près de là, le château de l'Isle-Adam a dû être attaqué et probablement pris et saccagé par les paysans révoltés comme tous les autres châteaux-forts de la contrée.

On sait que la révolte de paysans « *La*

Jacquerie » eut pour berceau Neuilly-en-Thelle et Cires-les-Mello, à quatre lieues à peine de distance. Les pays de l'Isle-Adam et des environs ont dû faire cause commune avec leurs frères de misère.

Guerres de seigneurs à seigneurs voisins. — Il peut aussi y avoir eu des petites guerres entre les seigneurs de l'Isle-Adam et d'autres des environs.

Mais toutes ces suppositions ne sont que des hypothèses plus ou moins plausibles.

Pourtant, d'après les remarques faites, il s'est passé là au moyen âge des événements de guerre d'une certaine importance.

Autres trouvailles faites dans les dragages du bras du Moulin. — Dans les dragages de la partie basse de ce bras, au-dessous des ponts, on a surtout trouvé des objets usuels de ménage, mais peu d'armes, sauf des boulets en pierre que l'on y a trouvés en assez grand nombre.

On y a trouvé surtout des poteries communes du moyen âge et particulièrement quelques biberons primitifs qui sont des pièces très curieuses ; d'autres poteries fort bizarres étaient des moines en terre cuite grossièrement faits (pour chauffer les lits), qui pouvaient contenir plusieurs litres d'eau chaude.

A peu près toutes les poteries que l'on a remarquées étaient en terre, quelques-unes seulement avaient des traces de vernissage de plomb verdâtre. On a aussi trouvé des cuilllères en fer à très long manche, tandis que d'autres en étain et en plomb avaient des queues très courtes.

Les vases de cuisine en cuivre étaient assez nombreux, mais comme ils étaient très minces d'épaisseur, ils étaient absolument déformés par les dragues. On a aussi trouvé quelques poteries d'étain dont la plus intéressante est un pot à anse fort curieux de la contenance d'environ un litre et demi, qui a au fond intérieur un écusson représentant un personnage debout, des armes, des signes et des lettres.

Ces objets ont été dragués pour la plupart en face l'endroit où devait se trouver l'ancien prieuré qui était sous l'invocation de Saint Codegrand et dépendant de l'abbaye de Saint-Martin-des-Champs que le grand Conti acquit par échange le 10 février 1707.

Un peu plus haut, tout près du pont, on a trouvé des armes d'époques diverses, beaucoup de vieilles monnaies et de jetons, mais en mauvais état, et sans grand intérêt. On y a trouvé aussi un grand nombre de clefs anciennes, très curieuses dont un certain nombre en bronze, ainsi que beaucoup d'éperons en fer.

Au-dessus du pont, dans le même bras de rivière, les objets anciens qui furent trouvés étaient de même nature ou à peu près. On y a aussi remarqué beaucoup de clefs et d'éperons, un certain nombre de lances et de hallebardes en fer et d'autres armes attribuées à l'époque des Valois.

*
* *

Dragages du Bras du Milieu

Il a été fait aussi de très intéressantes découvertes dans le bras du milieu ou grand bras, mais là les principales trouvailles ont été faites au-dessus du pont et immédiatement au-dessous.

Une des pièces les plus curieuses trouvées en cet endroit à environ soixante mètres au-dessus du pont est une très grande marmite en bronze massif, à trois pieds, à laquelle il reste encore adhérent un fragment de l'anse en fer très bien conservé.

La marmite est de forme arrondie très régulièrement et assez gracieuse avec les bords évasés. Sa contenance est d'environ 25 litres, et elle pèse 23 kilogrammes ; le crassier de rivière qui la recouvre ne laisse aucun doute sur son authenticité qui est incontestable.

Les savants les plus compétents sur la question, attribuent son époque au douzième siècle. C'est la plus belle et la plus grande pièce de ce genre que l'on connaisse ; elle a été trouvée au-dessous des marches du grand escalier qui descendait de la grande terrasse du château à l'Oise, et sous la maçonnerie de cet escalier.

De nombreuses pièces de vaisselle d'étain ont été trouvées à peu près au même endroit, mais plus vers le milieu de la rivière. C'était surtout des plats de toutes grandeurs, sans marques, ni écussons, ni armoiries.

A peu près toutes ces pièces de métal

qui avaient été bosselées et déformées par les dragues ont été vendues pour la fonte aux marchands de ferraille.

Comme dans le bras du moulin, il a été trouvé des armes anciennes et surtout une très grande quantité d'éperons et quelques pointes de flèches en fer; les pièces de monnaie y étaient assez rares.

Au-dessous du pont, on a trouvé de moins en moins d'objets en approchant de la pointe du bas de l'île, mais peut-être cela tient-il qu'au lieu de draguer jusqu'auprès du bord, on a au contraire renchaussé l'île.

Bras du Cabouillet. — La plus intéressante découverte faite dans ce bras de rivière est un devant de cuirasse en acier, damasquiné d'argent; on y a trouvé aussi un fusil à rouet, de petit calibre, des lances et des hallebardes.

Dans ce bras de rivière, il n'a été à peu près rien trouvé au dessous du pont,

l'endroit où il a été fait le plus de trouvailles, était les parties profondes de la
baignade actuelle.

On y a aussi trouvé enlisé très profondément dans le sable et la vase un ancien
et assez grand bateau d'une construction
très curieuse de la contenance de plus
de vingt tonnes.